HERAUSGEGEBEN VON
ELKE UND DIETER LOSSKARN

ENGLAND & SCHOTTLAND
EDITION UNTERWEGS

MOTORRAD

Europas größte Motorradzeitschrift

ENGLAND & SCHOTTLAND

EDITION UNTERWEGS

Mit dem Motorrad durch Großbritannien und auf die Isle of Man.

Von Jürgen Thurner und Christian Leber

Motor buch Verlag

IMPRESSUM

Konzeption: Elke Loßkarn
Einbandgestaltung: Andreas Pflaum
Fotos und Texte: Jürgen Thurner
Info-Teil: Christian Leber
Karten: Renate Maucher

Titelfoto: London Bridge
Rückseite: Englische Telefonzelle

ISBN 3-613-01824-1

1. Auflage 1997

Lektorat: Joachim Kuch
Innengestaltung: Katharina Jüssen
Druck: Dr. Cantz'sche Druckerei, 73760 Ostfildern
Bindung: E. Riethmüller, 70176 Stuttgart
Printed in Germany

INHALT

Editorial: Britain ist Great… 6

Auf einen Blick 8

1. **Hampshire, Wiltshire und Dorset** – West Of Southampton 10
2. **Dartmoor** – Wo Sherlock Holmes geboren wurde 36
3. **Cornwall, North Devon, Somerset**
   – Schmuggler und Piraten 56
4. **Welsh Marches** – Berge und Abteien 84
5. **Isle Of Man** – Zwischen zwei Jahreszeiten 102
6. **Peak District** – Liebliche Landschaft 118
7. **Schottland** –Highlands mit Hindernissen 132

8. Anhang

8.1 Übernachten im Vereinigten Königreich 152
8.2 Überleben im Linksverkehr 153
8.3 Wie man die englische Küche überlebt 155
8.4 Schulenglisch und wie man wirklich spricht 156

Britain is Great…

So lautete vor einigen Jahren der gemeinsame Werbe-Slogan der Tourist Boards von England und Schottland. Britain Is Different - so glauben wir heute. Das Vereinigte Königreich ist so klischeebehaftet wie kaum ein anderes Land und als Reiseziel hierzulande kaum bekannt. Und dennoch oder gerade deshalb hat es seinen ganz eigenen Reiz. Mit dem vorliegenden Band wollen wir diesen Reiz und die Gegensätze dieses erstklassigen Reiselandes vermitteln. Natürlich läßt sich im Rahmen dieses Buches nicht die gesamte Insel beschreiben. Vielmehr wollen wir mit ausgewählten Touren durch Englands Südwesten und Schottlands Highlands Lust auf die Reise mit dem Motorrad in ein klassisches Motorradland machen.

EDITORIAL

Wir starten mit der Tour »West Of Southampton«, die uns durch die Counties Hampshire, Wiltshire und Dorset führt. Danach geht's weiter ins berüchtigte Dartmoor, dem Ursprungsort aller Sherlock-Holmes-Romane und von dort in Englands südwestlichsten Zipfel: Cornwall, North Devon und Somerset. Im englisch-walisischen Grenzland bekommen wir einen Vorgeschmack auf die schottischen Highlands. Doch bevor wir dorthin kommen, betrachten wir noch die Isle Of Man mit ihren zwei Jahreszeiten - während der Tourist Trophy und außerhalb der TT – sowie den landschaftlich wunderschönen Peak-District. Als motorradfahrerisches Highlight gibt es dann noch die Highlands. Die Krönung sozusagen.

Wie in allen Edition Unterwegs-Bänden finden Sie neben den unterhaltsamen Reportagen zu jeder Tour einen ausführlichen Info-Teil mit allerlei Wissenswertem zu Route, Übernachtung und Sehenswertem und vor allem viele nützliche Tips zum Überleben der englischen Küche.

Viel Spaß beim Lesen und Vor-Freuen auf Ihre »Britische Reise«. In diesem Sinne: Cheers.

Jürgen Thurner und Christian Leber
Stuttgart und Werneck, im Herbst 1997

AUF EINEN BLICK

Hotelpreise ändern sich schnell, außerdem variieren sie von Saison zu Saison. Deshalb sind im Buch nur Preiskategorien angegeben. Bei der Reservierung können Sie dann nach den genauen Kosten fragen.

Preiskategorien (Übernachtungen pro Person, mit Frühstück):

●	bis 40 Mark
●●	41 – 60 Mark
●●●	61 – 80 Mark
●●●●	81 – 100 Mark
●●●●●	über 100 Mark

Jedes Kapitel besteht aus einer Reportage, der eine Karte mit der gefahrenen Route folgt. In der Karte sind die motorradfreundlichen Unterkünfte mit einem Bett-Symbol gekennzeichnet. Im Anschluß an die Routenskizze folgen die Adressen und Preiskategorien dieser Gasthöfe, sowie weitere wichtige Informationen.

Für die Angaben zu den Hotels und die Befahrbarkeit bestimmter Pisten und Straßen können wir keine Gewähr übernehmen. Wenn sich etwas geändert hat, oder falls Sie neue, motorradfreundliche Hotels, Gasthöfe und Campingplätze auf Ihren Großbritannien-Touren entdecken, schreiben Sie uns bitte unter:

Motorbuch-Verlag
Olgastraße 86
70180 Stuttgart

Selbstverständlich werden alle Einsender in der nächsten Auflage des Großbritannien-Bandes namentlich genannt.

Folgende Symbole finden in den Karten und Info-Teilen Verwendung:

Karte
Route
Übernachten
Gastronomie
Sehenswert
Adressen

AUF EINEN BLICK

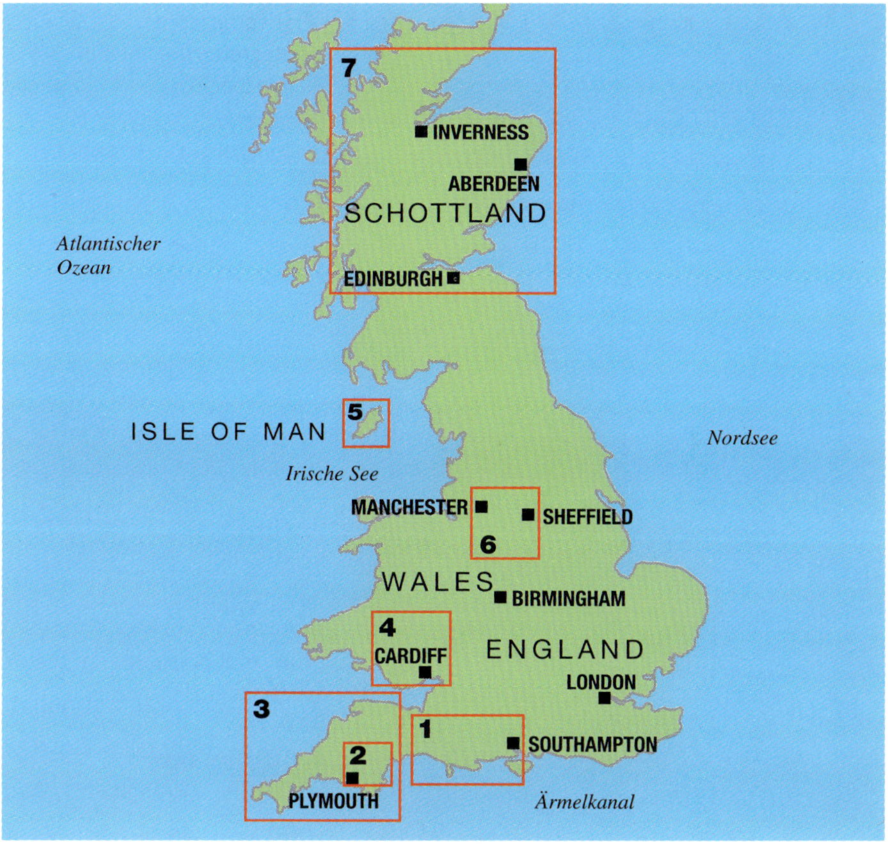

1 Hampshire, Wiltshire und Dorset
2 Dartmoor
3 Cornwall, North Devon und Somerset
4 Welsh Marches
5 Isle of Man
6 Peak District
7 Schottland

Weitere allgemeine Tips zu Großbritannien erhalten Sie bei:

British Tourist Authority,
Taunusstraße 52-60
60329 Frankfurt/Main
Telefon: 069/23807-11
Fax: 069/23807-17

WEST OF SOUTHAMPTON

Die Tour beginnt mystisch mit dem Steinzeit-Monument Stonehenge, wird dann sehr englisch, beim Pferderennen, und endet schließlich mit einem deftigen Enduroritt am Meer entlang.

HAMPSHIRE, WILTSHIRE UND DORSET

Traumstrecke für Enduros: Der South West Coast Path

HAMPSHIRE, WILTSHIRE UND DORSET

Es regnet in Strömen, als wir an jenem Sonntagmorgen im Mai in aller Herrgottsfrühe aufwachen. Noch bevor mein kleiner piepsender Reisewecker sein unbarmherziges Werk beginnen kann, hat uns das Geprassel der Regentropfen bereits geweckt. Der Blick aus dem kleinen Schiebefenster, das wie die meisten englischen Fenster ein wenig klemmt, verheißt nichts Gutes. Obwohl es draußen fast noch dunkel ist, kann ich erkennen, daß dies kein kurzer Schauer ist. Der Himmel ist grau in grau. Und dabei hatten wir uns alles so aufregend vorgestellt – Stonehenge im Morgengrauen. Sonnenaufgang zwischen jahrtausendealten geheimnisvollen Steinen, deren Ursprung und Zweck bis heute ungeklärt ist. Das sollte den »thrill« dieses magischen Ortes noch verstärken. Aber aus dem Sonnenaufgang scheint, zumindest an diesem Morgen, nichts zu werden. Wir beschliessen trotzdem hinzufahren. Als wir dann zwanzig Minuten später aus der Türe des Antrobus Arms Hotel, in das wir uns am Vorabend eingemietet hatten, treten, hat sich das Geprassel in einen beständigen Niesel gemildert. Schon mal was. Das englische Wetter, so wissen wir bereits, kann sich sehr schnell än-

Rasant: Smart Kid vor Bold Tina

dern und ist daher ein beständiges Thema auf der Insel. Natürlich auch für uns – wie sich im Laufe der folgenden Tage immer wieder bestätigen wird.

Die drei Meilen von Amesbury nach Stonehenge sind in wenigen Minuten zurückgelegt und als wir auf der A 303 über die Kuppe kommen, liegt das Monument schemenhaft, fast gespenstisch vor uns. Inmitten der Salisbury Plains, einer baumlosen Hochebene stehen die Reste von zwei konzentrischen Kreisen aus aufrechtstehenden Steinen. Während wir uns langsam nähern, überlege ich mir welche Enstehungstheorie mir am besten gefällt. Da gibt es die eine, die besagt, daß das Ganze eine Grabstätte für Häuptlinge und Hohepriester war, eine andere spricht von einer Opferstätte und eine dritte von einem Tempel zur Verehrung eines Sonnengottes. Während mir diese Gedanken durch den Kopf gehen, rollen wir am äußeren Zaun des Geländes entlang. Den Blick gespannt auf die Steinkreise gerichtet. Und plötzlich sehen wir ein kleines Grüppchen Menschen unter Regenschirmen versteckt im inneren Ring im Kreis stehen. Es sieht fast aus wie eine Messe. Natürlich interessiert uns brennend, was diese Leute morgens

Wettfieber: Gewinnt Bold Tina?

um halb sechs bei strömendem Regen jenseits aller Absperrungen treiben. Wir wollen näher ran. Doch das ganze Gelände ist von einem zwei Meter hohen Zaun umgeben. Drübersteigen erscheint uns etwas zu illegal, also versuchen wir es mit dem regulären Eingang, der jenseits der Straße liegt und durch einen Fußgängertunnel auf das Gelände führt. Um diese Zeit rechnen wir natürlich noch nicht mit Personal, doch schon auf dem Parkplatz kommt uns ein ziemlich verschlafen wirkender, uniformierter Offizieller entgegen. Er erklärt uns daß die Anlage erst um halb zehn für den Publikumsverkehr geöffnet werde. Auf meine Frage was die Menschen im inneren der Anlage um diese Zeit dort tun würden, antwortet er, daß diese einer speziellen Verei-

all season
BY HEIN GERICKE

Mystisch: Die Trilithen von Stonehenge

Einsam: Waldwege im New Forest

nigung angehörten. Wir fragen ob es möglich sei dieser Vereinigung beizutreten, woraufhin er sich für einen Moment entschuldigt, um seinen Vorgesetzten zu fragen. Wir finden alles ziemlich spannend. Nach wenigen Minuten kehrt er zurück und bedeutet uns mitzukommen. Wir werden in die Baracke hinter der Kasse geführt und treffen in einem kleinen Büro auf einen ebenfalls zerknittert aussehenden Uniformierten. Wahrscheinlich haben wir ihn geweckt. Wir erklären ihm unser Anliegen woraufhin er uns zwei Beitrittsformulare vorlegt. Diese hätten wir auszufüllen und pro Nase 20 Pfund zu bezahlen. Schon freuen wir uns drauf in wenigen Minuten da drin zu sein und ein paar wirklich gute Fotos machen zu können, als er hinzufügt daß unsere Angaben dann geprüft werden würden und nach etwa zwei Wochen hätten wir die Mitgliedschaft und könnten Stonehenge auch außerhalb der regulären Eintrittszeiten besuchen. Wir sind einigermaßen enttäuscht und beschließen die Sache zu lassen. Wer weiß schließlich in was für einen Verein wir da eingetreten wären…

Vier Stunden und ein ausgiebiges englisches Frühstück später kehren wir zum Ort des Geschehens zurück. Die Szenerie hat sich komplett verändert. Der Regen hat mittlerweile aufgehört und statt eines geheimnisvollen Grüppchens von Stonehenge-Mystikern hat sich nun der Massentourismus eingestellt. In großen Reisebussen werden Gruppen von Italienern, Deutschen, Amerikanern, Japanern und Engländern angekarrt und durch die enge Unterführung geschleust. Vor der Kasse hat sich bereits eine ansehnliche Schlange gebildet. Auch wir entrichten brav unsere »fee« von zwei Pfund fünfundachtzig pro Nase und nehmen den auditiven elektronischen Führer mit dem schwarz-rot-goldenen Emblem in Empfang. Er funktioniert wie ein Walkman, sieht aber aus wie ein altertümliches schnurloses Telefon. Christian lauscht ergeben den informativen Worten, während ich mich trotz der vielen Leute um ein paar gute Fotos bemühe. Jetzt, am Tage und inmitten der Touristen haben die Trilithen bei Weitem nicht mehr die Wirkung auf uns als noch vor wenigen Stunden. Deshalb beschließen wir uns nun unserem nächsten Ziel, Salisbury, dem mittelalterlichen Marktflecken mit seiner berühmten Kathedrale zuzuwenden.

Idyllisch schlängelt sich das, in unseren Karten weiß und namenlos eingezeichnete Sträßchen entlang des River Avon nach Süden. Leuchtend gelb blühen die Sumpfdotterblumen in diesem flachen und feuchten Wiesental. Großzügige Farmen mit romantischen Haupthäusern liegen im Tal verstreut. Das Dörfchen Woodford, durch das wir kommen, scheint nicht mehr enden zu wollen. Kilometerlang erstreckt es sich in den Teilorten Upper-, Middle- und Lower- durchs Tal. Nach zwölf Meilen erreichen wir schließlich Salisbury.

Gemütlich: Hafen von Lymington

Fest in Grün und Blau: Gegend ums Golden Cap

Trotz der großzügig angelegten Fußgängerzone finden wir einen fahrbaren Weg zur Kathedrale, die zweifelsfrei die Attraktion der Stadt ist. Mächtig und imposant steht sie auf dem weitläufigen Rasengelände.

Als wir auf einem Mäuerchen sitzend den Bau auf uns wirken lassen, fallen mir »Die Säulen der Erde« von Ken Follet ein. Vielleicht diente ihm die Baugeschichte der Kathedrale als Grundlage für seinen Roman. Zumal dort die Kathedralen immer wieder einstürzen und der mit 124 Metern Höhe zweithöchste Kirchturm der Welt stand bis ins 19. Jahrhundert unter Baustatikern im Ruf, aufgrund fehlendem seitlichem Stützwerk latent einsturzgefährdet zu sein. Tatsächlich erscheint der hohe, schlanke Turm im Vergleich zum geduckten, langen Hauptschiff mächtig und fragil zugleich.

Drei Meilen westlich der Stadt liegt der Salisbury Race Course. Dort findet am heutigen Sonntag ein großes Pferderennen statt und da wir beide noch nie ein so urbritisches Spektakel erlebt haben, machen wir uns dorthin auf die Socken. Als wir ankommen, haben die Hauptrennen noch nicht begonnen aber es drängelt sich schon viel Volk auf dem Gelände. Für die Briten scheint

Promenade: High Street von Lymington

so ein sonntägliches Pferderennen so etwas wie ein Volksfest zu sein. Ganze Familien lassen sich auf dem sattgrünen, englischen Rasen neben der Rennbahn nieder und packen körbeweise ihr mitgebrachtes Picknick aus. Kinder spielen in Scharen auf dem Gelände, während ihre Mütter sich unterhaltend beieinander sitzen und die Väter mit einem half pint in der Hand die Rennzeitung studieren.

Auf der Tribüne entdecken wir Ken und Marsha wieder, das Ehepaar auf Wochenendausflug, das uns am Morgen im Hotel den Tip mit dem Pferderennen gab. Sie winken uns zu sich hinauf und bald sind wir im Gespräch vertieft. Ken erklärt uns daß es verschiedene Kategorien von Rennen gibt und, daß man bei den Buchmachern auf Sieg oder Platz setzen könne. Von zweiterem rät er uns ab, da man dazu viel Erfahrung und Fachwissen brauche. Offensichtlich spricht er uns wohl beides völlig ab. Wir lernen daß die Favoriten des nächsten Rennens Bold Tina mit der Startnummer 10 und Smart Kid mit der Nr. 8 sind. Nach so viel sachkundiger Einführung kommen wir natürlich nicht umhin, auch eine kleine Wette zu plazieren. Bei »Edwards of Plymouth« einem der, wie wir er-

P
P
GREYHOUND
7

Dominierend: Ruine von Corf Castle

fahren, vertrauensvollsten und renommiertesten Buchmachern der Gegend versuchen wir unser Glück. Mr. Edwards betrachtet uns Greenhorns zunächst etwas skeptisch, aber als er unsere ernste Absicht erkennt, ist er durchaus bereit eine Wette anzunehmen. Da wir uns zwischen den beiden Favoriten nicht entscheiden können, setzen wir eben ein Pfund auf jedes der beiden Pferde. Für Smart Kid als Favorit erhalten wir eine Quote von drei zu zwei, was bedeutet daß wir im Falle seines Sieges ein Pfund fünfzig ausbezahlt bekämen und für die mutige Tina gibt es sogar zwei zu eins. Keinen Moment zu früh kommen wir mit unseren

Strahlend: Küstenstädtchen Lyme Regis

Tickets auf die Tribüne zurück. Das Rennen hat nämlich bereits begonnen. Lange bevor noch die Pferde auf der 1,8 Meilen-Bahn zu sehen sind, hat sich die lockere Party-Atmosphäre an der Rennbahn zu einer nervösen Gespanntheit gewandelt. Alles schaut nach links. Im selben Moment als wir das Dröhnen der Hufe vernehmen, erblicken wir auch schon das Feld. Alles geht blitzschnell. Smart Kid führt vor Bold Tina und kann bis ins Ziel seinen Vorsprung noch auf anderthalb Pferdelängen ausbauen. Dramatisch. Die Menschen an der Rennbahn gehen begeistert mit und ein bißchen springt der Funke auch auf uns über. Wir überschlagen kurz im Kopf, daß wir einen stolzen Nettogewinn von einem halben Pfund gemacht haben und verabschieden uns von Ken und Marsha. Wenige Minuten später sitzen wir wieder fest im Sattel und fahren weiter nach Süden, denn eigentlich sind wir ja zum Motorradfahren hergekommen, nicht zum Wetten.

Inzwischen hat sich das Wetter gebessert, denn der strenge Nordostwind, der am Morgen noch den Regen brachte, hat nachgelassen. Mehr und mehr reißt die Bewölkung auf und läßt die wärmende Sonne durchscheinen. Mit dem New Forest Nationalpark erreichen wir ein 30 km² großes Naturschutzgebiet mit einem weitverzweigten Netz kleiner und kleinster Sträßchen. Im 11. Jahrhundert hatte Wilhelm der Eroberer die Gegend zum königlichen Jagdrevier erklärt.

Als wir das »Cattle Grid«, ein Bett aus quer in die Straße eingelassenen Eisenrohren die als Viehsperren dienen, passieren, tauchen wir in einen schattigen Tunnel ein. In allen Grüntönen schimmert der dichte Mischwald vor uns. Hellgrün die Birken, fast gelblich die jungen Triebe der Eichen und dunkel die alten Buchen. Lustig tanzt das Sonnenlicht auf dem Asphalt. Gemütlich gleiten wir durch das leicht hügelige Gelände nach Süden. Ab und zu tut sich eine Lichtung mit einer sattgrünen Waldwiese auf. Ponys und Rinder grasen dort ungestört.

Nur wenige Kilometer weiter besuchen wir mit Furzey Gardens unseren ersten richtigen englischen Garten. Dazu muß man wissen, daß die Engländer verrückt sind nach allem was grünt und blüht. In jedem von ihnen steckt ein verhinderter Gärtner. Magazine wie »Homes & Gardens« oder »Countryside«

Fröhlich: Die Krönung der Mai-Prinzessin von New Milton

finden einen riesigen Absatzmarkt. In der Tat sind auch wir von der blühenden Pracht beeindruckt. Umgeben von Grün in allen Tönen blüht es gelb, rosa und violett. Ein geducktes, reetgedecktes Landhaus ist romantisch von Efeu überwachsen. Die perfekte Idylle.

Doch noch ein anderer Anziehungspunkt in diesem lauschigen New Forest erweckt unser Interesse. Auf dem kleinen Friedhof des benachbarten Minstead liegt ein Mann begraben, der ein weiteres britisches Klischee geschaffen hat: den englischen Kriminalroman. Wer kennt ihn nicht, den Meister aller Detektive, die Ur-Figur kriminalistischen Scharfsinns: Sherlock Holmes. Sein geistiger Vater, Sir Arthur Conan Doyle hat hier seine letzte Ruhe gefunden. Wir müssen lange suchen, doch dann entdeckt Christian im hinteren Teil, unter dem Schatten einer Eiche ein einfaches Steinkreuz mit einer Inschrift: Arthur Conan Doyle – Ritter – Patriot, Arzt und Mann der Worte. Es ist schon irgendwie bewegend vor diesem Grab zu stehen.

Kurz darauf hat uns das Diesseits wieder und wir überqueren die vierspurig ausgebaute A 31, die den New Forest zweiteilt, um nach Lyndhurst zu gelangen. Das Städtchen ist das touristische Zentrum des New Forest und wirkt sogar jetzt, im Mai, schon sehr überlaufen. Hier gibt es alles was der Touri braucht: Läden, Kneipen, Hotels und Bed & Breakfast-Unterkünfte (B&B).

Wir verlassen Lyndhurst auf der B 3056 in südöstlicher Richtung. Unser Tagesziel ist das Dörfchen Beaulieu, das wir nach sieben Meilen Fahrt durch dichten Wald erreichen. Der malerische Ort mit seiner Wassermühle und den roten Backsteinhäusern liegt am Ende eines gewundenen Fjords, in den der Beaulieu River mündet. Wir fragen uns wie die Engländer einen so französischen Namen wohl aussprechen. Später, in einer Kneipe in East End erfahren wir es: Bjulee. Jeder tut halt was er kann. Nachdem der Tag lang und das Wetter auch nicht immer angenehm war, beschliessen wir uns etwas Gutes zu tun und mieten uns im eher vornehmen Montagu Arms Hotel ein. Während die Damen an der Rezeption kein Problem mit unseren, schon etwas abgeschabten Lederhosen und den Goretex-Jacken haben, schaut der Maìtre des Restaurants doch etwas pikiert und von oben herab, als wir einen Tisch fürs Abendessen reservieren. Einen dezenten Hinweis auf den »Dresscode« kann er sich nicht verkneifen. Doch wir beschließen uns dadurch nicht die Vorfreude auf ein gutes Abendessen nehmen zu lassen. Weil es aber bis dahin noch Zeit ist, starten wir zu einer kleinen Abendrunde durch die Gegend. Durch eine liebliche Kulturlandschaft aus Weiden, Wäldern und kleinen Seen fahren wir über Bucklers Hard in Richtung East End. In der Abenddämmerung hoppeln Wildkaninchen über den warmen Asphalt und auf den Wiesen stolzieren Fasane und Wachteln herum. Mir läuft das Wasser im Mund zusammen. Nach den eher unkulinarischen Bar-Meals der vergangenen Tage freue ich mich auf ein wirklich gutes Abendessen. Knapp anderthalb Stunden später ist es dann soweit. Frisch geduscht, in Jeans und Poloshirt gekleidet, erscheinen wir im Restaurant. Der Herr Oberkellner ist sichtlich erleichtert.

An dieser Stelle ist es notwendig ein paar Worte über die englische Küche zu verlieren. Sie ist in der Tat noch schlechter als ihr Ruf. Allerdings nur wenn man vom Durchschnitt ausgeht. Dieser wird typischerweise durch die Bar-Meals repräsentiert, die am Abend in den Nebenräumen der Pubs serviert werden. Meist handelt es sich um mikrowellen-erhitzten panierten Fisch oder aufgewärmtes Chicken Curry. Beides kommt mit den obligatorischen, fettgetränkten Pommes, die hier Chips heißen und den unvermeidlichen, grasgrünen Erbsen die einem, Murmeln gleich, immer wieder von der Gabel springen. Das Ganze ist dann noch völlig geschmacksneutral gewürzt, denn das Einzige das in England gesalzen wird ist Butter.

Ganz anders dagegen die gehobene Küche wie die des Montagu Arms. Wenn man bereit ist für ein Abendessen zwanzig Pfund und mehr zu bezahlen, dann braucht sich die englische Küche vor keiner anderen der Welt zu verstecken.

An diesem Abend gönnen wir uns diesen Luxus. Wir beginnen mit einer Vorspeise aus marinierter Hühnerbrust mit ein paar Blättchen Rucola. Während Christian beim Huhn bleibt, nehme ich zwar wieder Brust, aber diesmal von der Ente und in Johannisbeeren. Dazu gibt es eine Flasche St. Emilion. Kaffee und einen guter schottischer Single Malt machen die Geschichte wirklich rund.

Trotzdem sitzen wir am nächsten Morgen um sechs Uhr auf den Bikes um eine Vor-Frühstücksrunde in der Frische des anbrechenden Tages zu drehen.

Einsam: Durlston Head

Durch schattige, fast urwald-ähnlich verwachsene Eichenwälder fahren wir nach Brockenhurst und von dort nordwestlich in ein heideartiges Hochmoor. Schwere graue Wolken treiben über die Hochfläche die vom blühenden Ginster gelb erstrahlt. Dunkle Fichtenwälder geben der ganzen Szenerie an diesem Morgen etwas Bedrohliches. Über Stoney Cross und Lyndhurst kehren wir nach Beaulieu zurück, denn dort wartet nach dem Frühstück Lord Montagu of Beaulieus »British Motor Museum« auf uns.

Als im Jahre 1951 besagter Lord sein Erbe antrat, wußte er noch nicht so genau wie er das Anwesen seiner Ahnen finanzieren sollte. Da er aber ein ausgesprochener Auto- und Motorradnarr war, begann er aus seiner Liebe ein Geschäft zu machen und gründete mit seinerzeit fünf Exponaten das British Motor Museum. Heute besitzt er mit rund 300 Fahrzeugen aus rund 100 Jahren eine der größten privaten KraftfahrzeugSammlungen der Welt. Von den klassischen britischen Roadstern der 50er und 60er Jahre über Formel-Eins-Renner bis hin zu raketengetriebenen Rekordautos ist dort alles zu sehen. Die kleine, aber feine Zweiradabteilung beinhaltet unter anderem BSA, Nortons, BMW und sogar eine alte NSU von 1906 mit einem gewaltigen Riemenantrieb. Besonders authentisch dargestellt ist eine Garage mit Tankstelle aus den 20er Jahren. Der Lord hat aus seinem Gelände einen richtigen Freizeitpark gemacht. Neben dem Motor Museum sind die großen Attraktionen das Zisterzienserkloster aus dem 13. Jahrhundert und das Schloß des Lords aus dem 16. Jahrhundert. Doch Kultur lassen wir heute aus und schwingen uns wieder in den Sattel um endlich an die schöne Südküste Brittaniens zu gelangen.

Lymington ist unsere erste Station. Mittlerweile hat sich die Sonne durch die graue Wolkendecke gekämpft und der Hafen des netten kleinen Städtchens ist von Wärmebedürftigen bevöl-

Nichts für Wasserscheue: Tiefe Pfützen im Küstenpfad

kert. Die Menschen sitzen Eis essend auf Bänken oder gespannt am Pier um Krabben zu fischen. Auf den Segelbooten werden kleinere Wartungsarbeiten verrichtet. Ein Ruder-Achter zieht vorbei. Alles wirkt sehr lebendig und doch gelassen. Keine Spur von Hektik.

Wir beschließen hier unser Mittagsmahl einzunehmen und kaufen uns in einer benachbarten Bude ein paar köstliche Krabben- und ThunfischSandwiches. Die englische Küche mag sehr umstritten sein, doch eines ist sicher: englische Sandwiches zählen zu den besten der Welt. Schließlich sind sie hier erfunden worden. Spontan beschließen wir die knatschigen Dreiecksbrote zu unserem Standard-Mittagsmahl zu erklären.

Derart gestärkt fahren wir auf der A 337 über New Milton, wo wir in die Krönung der örtlichen Mai-Prinzessin geraten, weiter nach Bournemouth. Das alte englische Seebad an der Poole Bay ist bei »Erholungssuchenden« auch heute noch sehr beliebt. Wir können dem hektischen, vor billigem Vergnügen in Form von schrillen Souvenir-Geschäften und lauten Glücksspiel-Hallen strotzenden Badeort jedoch nichts abgewinnen und schauen, daß wir möglichst schnell nach Sandbanks kommen. Von hier aus geht die Fähre auf die Halbinsel von Purbeck.

Bereits nach wenigen Kilometern auf der nordwestwärts führenden A 351 stehen im Dörfchen Corf Castle mächtig und bedrohlich die Reste der gleichnamigen Burg vor uns. Hier hat im 11. Jahrhundert Wilhelm der Eroberer den Herzog der Normandie gefangengehalten.

Auf der weiteren Strecke über Wareham nach Weymouth scheinen wir den dichtbesiedelten Teil des englischen Südwestens endlich hinter uns gelassen zu haben. Die Dörfer werden kleiner und die Landschaft ursprünglicher. Der rote Ziegel der Stadthäuser wird als Baumaterial vom groben, grauen Granit der Landhäuser abgelöst. Die violetten Trauben der Glyzinien bringen passende Farbtupfer an die Hausmauern. Wie ein graues Band klebt die Straße an den grünen Hügeln und fügt sich in die Landschaft ein. Einer Berg- und Talbahn gleich geht es auf und ab, rechts und links herum. Wir erreichen Weymouth, ein weiterer Ort in der Reihe englischer Seebäder, dessen verblassender Charme vom Glanz vergangener Tage erzählt. Im weiten Rund um die Bucht stehen an der »Sea Front« die traditionellen Pubs neben den

Nichts los: Badestrand von Weymouth

lauten und schrillen »Amusement Halls« mit ihren Spielautomaten und billigen elektronischen Vergnügungen. Dennoch ist hier alles etwas kleiner, etwas ruhiger und etwas angenehmer als im Riesenrummelplatz Bournemouth.

Gleich hinter Weymouth steigt die B 3157 auf die Höhe der Klippen an. Immer etwas landeinwärts versetzt, schlängelt sich die Straße nach Nordwesten auf Lyme Regis zu. Wie eine riesige grüne Patchwork-Decke liegt die Landschaft vor uns. Felder, Wiesen und Weiden bilden die Flecken, mit Hecken überwucherte Trockenmauern und Gebüschreihen stellen die Nähte dar. Es ist ein Fest in Grün. Der kalte Wind hat die Wolkendecke weiter geöffnet und die sonnigen Abschnitte werden immer länger. Die Luft ist von jener klaren Kälte, die wir von den heimischen Eisheiligen oder der Schafskälte kennen. In Abbottsbury folgen wir dem braunen Schild zum Subtropical Garden, in dem Dank des (normalerweise) milden Klimas und seiner geschützten Lage Palmen und andere subtropische Pflanzen gedeihen. Allerdings lassen wir ihn prompt links liegen, als wir durch die saftig grünen »Meadows« ein türkis schimmerndes Meer erblicken. Die Straße endet am goldkieseligen Strand in einem Parkplatz, der auch gleichzeitig

Traumhaft: West Dorset Heritage Coast

den Zugang zum Strand darstellt. Als wir bereits wieder umdrehen wollen, entdecken wir rechter Hand ein kleines Sträßchen. Oder eher einen Feldweg. Er ist offensichtlich zum motorisierten Verkehr freigegeben und führt am Strand in nordwestlicher Richtung entlang. Obwohl als Sackgasse ausgewiesen, beschliessen wir hineinzufahren. Der Weg stellt sich als fantastische Endurostrecke heraus. Die tiefen Pfützen, die der letzte Regenschauer hinterlassen hat, lassen sich je nach Gusto leicht umfahren oder aber spritzenderweise mit viel Spaß durchpflügen. Diesbezüglich läßt Christian keine Gelegenheit aus.

Acht Meilen und einen Regenschauer später, sitzen wir windgeschützt im warmen Sonnenschein auf dem Pier von Lyme Regis und genießen die köstlichen Tuna-Sandwiches, die wir im Old Boathouse als »Take-Away« erstanden haben. Mit Erdbeeren, Cocktail-Tomaten und einem »Half Pint Of Guiness« sind sie ein wahrer Genuss. Ein schönes Stück England liegt hinter uns, auch wenn das Wetter nicht immer mitgespielt hat. Aber das gehört eben genauso zu England wie all die anderen Klischees. Und überhaupt: es gibt kein schlechtes Wetter. Nur schlechte Kleidung.

INFO HAMPSHIRE, WILTSHIRE UND DORSET

Gefahrene Strecke einschließlich Abstecher: etwa 600 Kilometer

Karte:

Offizielle Karte der AA Automobile Association, 1 : 200 000, Süd-England, Blatt 1, Kümmerly+Frey, 17,80 Mark.

Für Extratouren durch das königliche Jagdrevier von Wilhelm dem Eroberer, den New Forest, empfiehlt sich die Ordnance Survey, 1 : 25 000, Outdoor Leisure 22, Ordnance Survey Southampton, Great Britain, 16,80 Mark.

Route:

Amesbury – Stonehenge – West Amesbury – Wilsford – Upper Wodford – Little Durnford – Salisbury – Wilton – Salisbury Race Course – Salisbury (A 36) – Landford – Brook – Minstead

– Lyndhurst – Beaulieu – Bucklers Hard – Norleywood (B 3054) – Beaulieu – (B 3055) – Brockenhurst (Rhinefield Ornamental Drive) – Mogshade Hill – (Querung der A 31) – Fritham – Lyndhurst – Beaulieu – Lymington – New Milton (A 337) – Bournemouth – Sandbanks – Isle of Purbeck, Studland (via Fähre) – Swanage – Worth Matravers – St. Albans Head – Corfe Castle – Kimmeridge – Corfe Castle – Wareham (A 352) – Watercombe (A 353) – Weymouth (B 3157) – Abbotsbury – South West Coast Path (nur mit Enduro) – Brexington – Bridport (A 35) – Leweston (A 3052) – Lyme Regis

Übernachten:

Tel.-Vorwahl Großbritannien: 0044

● The Youth Hostel, Swanage,
Cluny Crescent, Swanage
Dorset BH19 2BS,
Telefon: 01929/422113,
Fax: 01929/426327.
Elegantes, viktorianisches, sehr gut erhaltenes Haus mitten im Ort. Von hier aus lassen sich die umliegenden Pubs sehr gut erkunden.

●● Bradle Farmhouse,
Corfe Castle, Church Knowle,
Wareham BH20 5NU,
Telefon: 01929/480712,
Fax: 01929/481144.
Wunderschönes altes Farmhaus in idyllischer Umgebung. Evening Meals werden in einem kleinen Inn gereicht.

●● White House, Lyme Regis,
47 Silver Street,
Lyme Regis DT7 3HR,
Telefon: 01297/443420.
Nur wenige Gehminuten vom Strand entfernt liegt dieses Gästehaus aus dem 18. Jahrhundert.

●● The Bell Inn, Salisbury,
Warminster Road,
Salisbury SP2 OQD,
Telefon: 01722/743336.
6 Meilen nordwestlich von Salisbury liegt dieses wunderschöne, dreihundert Jahre alte Gästehaus mit einer großen Auswahl an Bar Meals.

●● Forest Cottage, Lyndhurst,
High Street, Lyndhurst SO43
7BH, Telefon: 01703/283461.
Charmantes, dreihundert Jahre altes Cottage, idealer Ausgangspunkte für Touren durch den New Forest.

●●● Antrobus Arms Hotel,
Amesbury, Church Street,

Auslaufmodell: BSA von 1938 im National Motor Museum

Salisbury SP4 7EU,
Telefon: 01980/623163;
Fax: 01980/622112.
Für den Ausflug nach Stonehenge sehr günstig gelegenes Hotel mit empfehlenswerten Bar Meals in angenehmer Atmosphäre. Duschen teilweise nur auf der Etage. Schöner viktorianischer Garten.

●●● Epworth House, Amesbury, 21 Edwards Road,
Salisbury SP4 7LT,
Telefon: 01980/624242,
Fax: 01980/624242.
Gemütliches Haus mit einem wunderbaren Garten nur ein paar Minuten vom Zentrum von Amesbury.

●●●● Grasmere House, Salisbury, 70 Harnham Road,
Salisbury SP2 8JN,
Telefon: 01722/338388.
Großzügiges Haus mit luxuriös ausgestatteten Zimmern. Besonders erwähnenswert ist das Wintergarten-Restaurant mit herrlicher Aussicht.

●●●● Montagu Arms Hotel, Beaulieu, Palise Lane,
Beaulieu SO42 7ZO,
Telefon: 01590/612324,
Fax: 01590/612188.
In einem herrlichem Anwesen liegt dieses außergewöhnliche Hotel mit seinem gastronomischen Paradies in dem man sich nach einer anstrengenden Tour so richtig verwöhnen lassen kann.

Sehenswert:

Stonehenge
Wohl das bedeutendste Steinzeit-Monument Europas an dem Generationen von Menschen über 1000 Jahre arbeiteten. Technische Meisterleistung bei den damals zur Verfügung stehenden primitiven Werkzeugen.

Salisbury Cathedral
Wird oft als die schönste frühgotische Kathedrale Englands gerühmt. Der grüne Rasen erstreckt sich hin bis zu den gewal-

tigen Mauern. Besonders markant ist der 124 m hohe Turm; der zweithöchste der Welt nach dem Kölner Dom.

Minestead

Hier liegt Sir Conan Doyle (Autor der Sherlock Holmes Romane, z.B. Der Hund von Baskerville) auf einem unscheinbaren, kleinen Friedhof begraben.

National Motor Museum Beaulieu

Eine der größten Sammlungen von Oldtimern der Welt: PKW, Motorräder, LWK etc.. Vom Fahrrad-Veteranen über Raketenautos hin bis zum Formel 1-Rennwagen gibt es insgesamt rund 300 Fahrzeuge aus 100 Jahren Motorgeschichte zum Bestaunen.

Compton Acres Garden

An der Straße von Pools nach Sandbanks liegt eine der schönsten Parkanlagen von England. Die Pflanzen wurden aus der ganzen Welt herangeschafft und mit unterschiedlichsten Motiven im Jahre 1919 angelegt.

Abbotsburry Swannery

Die in der Lagune gut versteckte Swannery wurde im Mittelalter von Benediktiner-Mönchen gegründet und ist wohl einmalig auf der ganzen Welt. Hunderte von Schwänen überwintern und verbringen hier ihre Brutzeit, werden in Freiheit aufgezogen und starten dann in neue Reviere.

Abbotsburry Subtropical Garden

Schon 1750 hatte der Earl of Illchester mit den Pflanzungen in der windgeschützten Talsenke am Rand von Abbotsburry begonnen. Jetzt wuchern hier exotische Pflanzen aus sämtlichen Kontinenten. Fast unmerklich wechselt ständig der Charakter des Parks.

Golden Cap

Von der A 35 (Bridport – Lyme Regis) gelangt man über eine ausgeschilderte Straße zu den 195 m hohen und damit höchsten Klippen Südenglands.

Adressen:

New Forest Hampshire,
Lymington, St. Thomas Street,
Telefon: 01590/672422

Tourist Info Bournemouth,
Tourist Office, Westover Road,
Telefon: 0202/291715

WO SHERLOCK HOLMES GEBOREN WURDE

In der schaurig-schönen Dartmoor-Gegend mit ihren fantastischen Mini-Strecken fühlt man sich als Hauptdarsteller in einem Edgar-Wallace-Schwarzweißschinken.

Steinreich: Gegend um Widecombe in the Moor

DARTMOOR

Wir sind ziemlich froh als wir die verwirrende Anordnung von Einbahnstraßen und die zersiedelten Vororte von Exeter endlich hinter uns lassen können. Mit dem Einbiegen auf die B 3212 verändert sich auch die Landschaft merklich. Aus dem lieblichen Flickenteppich der uns bis Exeter umgeben hat, wird nun eine bergigere und waldreichere Gegend. Kleine Grüppchen von Fichten haben sich zwischen den hellen Buchen und Eichen verloren und geben der Vielfalt von Grüntönen noch eine neue, dunkle Variante hinzu. Wir haben die Grenze des Dartmoor Forest erreicht, jener schaurig schönen Gegend in der Arthur Conan Doyle seinen »Hund von Baskerville« und andere Sherlock Holmes-Romane spielen ließ. Obwohl die Sonne scheint, wird es zunehmend kälter, als wir die Höhen des Hochmoors erklimmen. In Moretonhampstaed zeigt das Thermometer am örtlichen Hardware-Laden gerade 5 Grad Celsius an. Es ist wieder der kalte Nordwind, der uns in die Knochen fährt und mir während der Fahrt immer wieder einen kleinen feuchten Tropfen an der Nasenspitze tänzeln läßt. Nachdem wir uns im White Hart Inn für die Nacht eingebucht und unser Gepäck abgeladen haben, starten wir noch zu einer kleinen Abend-

Uneingeschränkt: Freilaufende Pferde im Dartmoor

tour in die umliegende Gegend. Nicht ohne vorher das Interesse der örtlichen Jugend in Person der Buben Phillip Morrison, Clayton Brimbecombe und Adam Fisher auf uns gezogen zu haben. Sie wollen alles ganz genau wissen. Wieviele »Cubics« die Motorräder haben, wieviel Pferdestärken und vor allem wie schnell sie sind. Als sie erfahren, daß wir aus Deutschland kommen, glänzt Clayton spontan mit seinen, zuvor in vierwöchigem Schulunterricht erworbenen Deutschkenntnissen. Und die sind schon ganz schön gut. Also unterhalten wir uns noch eine Weile mit den Boys, bevor wir sie nach einer Probefahrt auf dem Sozius der Motorräder verabschieden.

Wir hingegen drehen noch eine schöne Runde durch das abendliche Dartmoor. Es herrscht dieses unheimlich klare Licht, das es nur an kalten Tagen nach Regenschauern gibt. Die tiefstehende Sonne wirft lange Schatten über die kahlen, grün-braunen Hügelkuppen zwischen Moretonhampstead und Widecombe in the Moor. Während die tieferen Lagen der Gegend aus bewaldeten Flußläufen und saftig grünen Viehweiden bestehen, ist in den Höhen nur noch braunes Hochmoor und Heideland anzutreffen. Vom Krach der Motorräder aufgeschreckt, flüchten sich ein paar

Gewagt: Der zweitbeste Weg nach Lustleigh

verschreckte Schafe seitlich ins Gelände. Hinter Widecombe wird das Sräßchen so schmal, daß es sich nur noch mit erhöhter Vorsicht fahren läßt. Gerade mal zwei Meter breit und von ebenso hohen Hecken links und rechts eingerahmt. Wie in einem Kanal gleiten wir dahin. Jede Kurve birgt eine potentielle Überraschung. Ein paar mal müssen wir uns auch ganz links an die Hecke schmiegen, um nicht mit dem rechten Ellbogen die Außenspiegel entgegenkommender Autos einzuklappen. Vorsicht ist geboten. Trotz des geringen Verkehrs auf diesen Nebenstraßen.

Als wir das White Hart Inn am nächsten Morgen verlassen, scheint die Sonne und es ist nicht mehr ganz so kalt. Wir freuen uns auf den Tag der vor uns liegt. Allerdings hält die Freude nicht lange an, denn als Christian die BMW startet, schießt ein schwarzer Strahl heißen Öls mit 6 Bar Druck aus dem Ölkühler. Zunächst befürchten wir, daß das Ende unserer Tour gekommen sei. Aber die Erfahrungen der letzten Jahre haben uns gelehrt, in solchen Situationen ohne Panik und mit kühlem Kopf zu agieren. Nach ein paar Telefonaten mit den lokalen Motorradwerkstätten wissen wir, daß innerhalb von 24 Stunden kein neuer Ölkühler für die GS aufzutreiben ist. Da aber bei den hiesigen klimatischen Verhältnissen ein Ölkühler nicht unbedingt notwendig ist, beschließen wir ihn kurzerhand stillzulegen. Mit Hilfe von Kevin, dem blonden Mechaniker der örtlichen »Central Garage«, sowie eines Benzin-

Nobel: Holystreet Manor

schlauchs und zwei Schlauchklemmen haben wir eine Stunde später eine erfolgreiche Bypass-Operation durchgeführt. Der erste Test verläuft leckfrei. Erleichtert starten wir mit knapp zweistündiger Verspätung in den Tag.

Wir verlassen Moretonhampstead in nördlicher Richtung. Mit Hilfe der Tags zuvor gekauften »Ordnance Survey Map Nr. 28« im Maßstab 1 : 25 000 finden wir ein endloses Netzwerk kleiner und kleinster Sträßchen. So klein, daß sie schon gar keine Nummern mehr haben. Versteckt zwischen übermannshohen Trockenmauern und wild wuchernden

Hecken aus Kirschlorbeer, Efeu und Brombeergestrüpp winden sie sich durch die hügelige Landschaft. Die kleinen Dörfchen, Gehöfte und Weiler durch die wir kommen, tragen romantische und phantasiereiche Namen. Über Butterdon Down und Sandy Park gelangen wir nach Monks Withercumbe und von dort in einer großen Schleife über Gidley nach Chagford. Wir fahren auf verwundenen Sträßchen durch verwunschene Wälder aus knorrigen Eichen und uralten Buchen, die über und über mit Efeu bewachsen und auf der Wetterseite von Moosflechten bedeckt sind. Dazwischen liegen verzauberte kleine Cottages an plätschernden Bächlein in einsamen und verträumten Tälern. Der kalte Nordwestwind jagt Wolkenfetzen vor sich her und Sonnenschein wech-

Goldenes Licht: Dartmoor am Abend

selt sich mit Graupelschauern ab. Kleine stämmige Pferdchen, deren Felle Wind und Wetter trotzen, grasen am Wegrand. Überall weiden Schafe, deren, nur wenige Wochen alten Lämmer unaufhörlich blöken. Es ist lustig anzusehen wie sie mit ihren kurzen Beinen geschickt über Bäche springen und auf den Steinmäuerchen umherturnen.

Am frühen Nachmittag erreichen wir das Dörfchen Lustleigh mit seinen idyllisch in die Landschaft gestreuten kleinen, efeuüberwachsenen Cottages. Ein hervorragender Platz für unser mittägliches Picknick. Auf der Dorfwiese vor der Kirche packen wir aus. Natürlich gibt es Sandwiches. Heute zur Abwechslung mal Tuna-Mayonnaise und Chicken-Vegetables mit Kirschtomaten und rotem Cheddarkäse.

Den anschließenden Kaffee nehmen wir im benachbarten Primrose Cottage ein. Der hausgemachte Bananen-Kuchen ist so gehaltvoll, daß wir uns das Abendessen eigentlich sparen könnten. Schichtweise wechseln sich Bananenscheiben mit Schokocreme und »Clotted Cream«, der dicken, buttrigen Sahne ab.

Als wir uns kalorienmäßig derart gestärkt wieder auf den Weg machen wollen, verhindert eine imposante Ölfontäne aus dem Bypass der BMW unsere unmittelbare Weiterfahrt. Die Schlauchschelle wollte dem Druck auf die Dauer offensichtlich nicht standhalten. Schnell binden wir den größten Teil der 1.8 l Öl aus dem Getriebe des Boxers mit den flugs, im naheliegenden Krämerladen gekauften Haushaltstüchern ab. Etwas länger dauert es hingegen, das benachbart geparkte Auto mit dem Rest der besagten Tücher von seinem Ölfilm zu reinigen. Ein wertvoller Tip der Krämersfrau bringt uns zu Brent, dem Betreiber der nur 50 Meter entfernten örtlichen Garage. Er stellt sich als ein wortkarger, aber überaus hilfreicher Zeitgenosse heraus. Während Christian die Reifen der BMW vom Öl säubert, tüftelt Brent an einer Lösung des Problems mit den vorhandenen Mitteln. In Ermangelung eines metallummantelten Hochdruckschlauches und der passenden Fittings muß er die Reparatur jedoch auf den nächsten Vormittag verschieben. Er verspricht die Teile am frühen Morgen aus dem zwanzig Meilen entfernten Exeter zu besorgen und beschafft uns mittels eines kurzen Telefonates ein Quartier im Ort. Und dies sollte sich als wahrer Glücksgriff herausstellen.

Tragische Figur: Der Ganter von Lustleigh Mills

Mike Rowe, der uns sogar mit dem Auto von der Werkstatt abholt, hat vor einigen Jahren mit seiner Frau Janett zusammen die alte, baufällige Mühle von Lustleigh erstanden und sie komplett restauriert und ausgebaut. Mit großer Gastfreundlichkeit bieten sie uns das »Flat«, eine im obersten Stockwerk der alten Mühle befindliche Ferienwohnung zum

Feucht: Ohne Moos nix los

Bed&Breakfast-Preis von 19,50 Pfund pro Nacht und Nase an. Irgendwie stimmt die Chemie zwischen uns sofort. Wir Vier verstehen uns auf Anhieb prächtig und Lustleigh Mills stellt sich als wahres Kleinod heraus. Das ganze Haus strahlt eine ganz besondere Behaglichkeit aus. Auf den Sesseln, die sich um den offenen Kamin gruppieren, schlafen sorglos zwei große Katzen, während die Dritte, ein hageres und struppiges Wollknäuel, ihren Platz in der Küche nicht verläßt. Wir erfahren, daß sie 19 Jahre alt und völlig blind ist. Von Zeit zu Zeit trägt Janett sie hinaus in den Garten und holt sie wieder herein, wenn sie maunzend im Gras sitzt, weil sie sich nicht mehr weiter traut.

Ein rauschender Mühlbach trennt den Garten vom dichten Wald und auf den Steinen sitzen ein paar Enten. Und der große braune Gänserich mit der tragischen Lebensgeschichte. Seine zweite Frau ist nämlich vor zwei Wochen gestorben und die Erste hat vor Jahren der Fuchs geholt. Mike erzählt uns, daß der Ganter vor Trauer nicht mehr fraß und nachts laut nach der Gefährtin gerufen hat. Seit er jetzt allerdings im Stall der Enten schlafen darf, geht es ihm wieder besser. Lustleigh Mills ist ein heimeliger Ort.

Am Abend gehen wir zu Fuß ins Dorf, um im Pub zu Abend zu essen. Es ist ein gemütlicher Spaziergang, vorbei an der Wiese vor der Mühle, auf der ein einsames Pferd grast. Friedlich liegt das Dorf in der Abenddämmerung. Im Bell Inn essen wir die schlechtesten Spaghettis der Welt, aber die Jacket Potatoes, so heißen hierzulande die Folienkartoffeln, mit »Sour Cream« sind für englische Verhältnisse einfach ausgezeichnet.

Gemütlich: Die Küche von Lustleigh Mills

Am nächsten Morgen beim Frühstück erfahren wir Neues zum Thema BMW-Panne. Brent

High & Wide: Das Dartmoor

hat schon am frühen Morgen angerufen und Mike mitgeteilt, daß er alles Erforderliche erhalten habe und daß die Maschine gegen elf Uhr fertig sei. Man kümmert sich wirklich um uns. Die Zeit bis dahin nutzen wir noch zu einem anregenden Gespräch in der gemütlichen Küche der Rowes und einer ausgiebigen Erkundung der Gegend um die Mühle. Punkt elf klingelt das Telefon und Brent meldet einen geschlossenen und leckfreien Ölkreislauf. Wir verabschieden uns von Mike und Jan nicht ohne zu versprechen, im September wiederzukommen. Im Dorf erwartet uns bereits Brent, dem wir für seine Hilfe sehr dankbar sind und der Christian sehr moderate 20 Pfund in Rechnung stellt. Jetzt kann es endlich weitergehen, in den rauhen und nebligen Westen der Gegend.

Während der Osten des Dartmoors mit seinen Wiesen, Weiden, Wäldern und Gehöften einen eher lieblichen Charakter hat, ist der Westen höher gelegen und be-

Forellenträchtig: River Dart

steht hauptsächlich aus lebensfeindlichem Hochmoor. Hier fällt der Nebel schnell und die einzigen, die es hier einigermaßen aushalten können, sind die Schafe. Eine ideale Szenerie für den »Hund von Baskerville«. Als wir Haytor Vale, wo Agatha Christie ihren ersten Roman vollendet hat, in Richtung Hochmoor verlassen, können wir uns bildlich vorstellen wie die Bestie urplötzlich aus dem Nebel aufgetaucht und genauso schnell wieder darin verschwunden ist. Die Gegend ist feucht und unwirtlich. Auf den Bergkuppen liegen Granit-Findlinge. Beklemmende Wildheit. In Widecombe in the Moor wird die Gegend wieder freundlicher und wir biegen nach Süden ab, Richtung Buckland in the Moor. In schattigen Flußtälern fahren wir durch verzauberte Märchenwälder, die in allen Grüntönen schimmern. Reetgedeckte Hexenhäuschen stehen, vom Efeu überwuchert, versteckt am Straßenrand. Eine phantastische Gegend. Kein Wunder daß sich die Großen der englischen Kriminalliteratur von diesem Landstrich inspirieren ließen.

Als sich der Tag zu Ende neigt, wollen wir auf der B 3212 in Richtung Plymouth das Moor verlassen. Doch dunkle Wolken vor uns erzwingen ungeplante Richtungsänderungen. Irgendwie links versuchen wir dem Re-

Lichtblick: Zwischen zwei Schauern im Dartmoor

gen auszuweichen und irgendwann finden wir uns auch auf der Karte nicht mehr wieder. Dennoch gelingt es uns nicht trocken zu bleiben. Ein Regenguß überrascht uns so unmittelbar und so heftig, daß ich trotz Goretex und Leder bereits nach wenigen Sekunden jene unangenehme Feuchtigkeit im Schritt verspüre. »Es regnet Katzen und Hunde«. Erst jetzt begreife ich die Worte dieses englischen Sprichworts so richtig. Und nirgends auch nur die geringste Möglichkeit zum Unterstehen. Einfach nur ins nächste Dorf, so lautet die Parole. Und das heißt Cornwood, scheint von Gott verlassen zu sein und besitzt ganz genau ein Bed & Breakfast. Wir mieten uns ein, auch wenn es im Haus fast unerträglich nach gekochtem Blumenkohl stinkt. Hauptsache trocken. Während ich unter der heißen Dusche stehe, fällt mir die Geschichte von Hägar dem Schrecklichen wieder ein, die mir Christian tags zuvor erzählt hat: Hägar überfällt bei strömendem Regen Liverpool. Kein Mensch stellt sich dem Angriff entgegen; kein Mensch ist zu sehen. Irgendwann treffen die Wikinger auf einen alten Mann den sie nach dem Verbleib der Bevölkerung befragen. »Bei schönem Wetter sind sie alle am Strand«, entgegnet der Greis. Das ist England.

Verwunschen: Hexenhäuschen bei Buckland in the Moor

INFO DARTMOOR

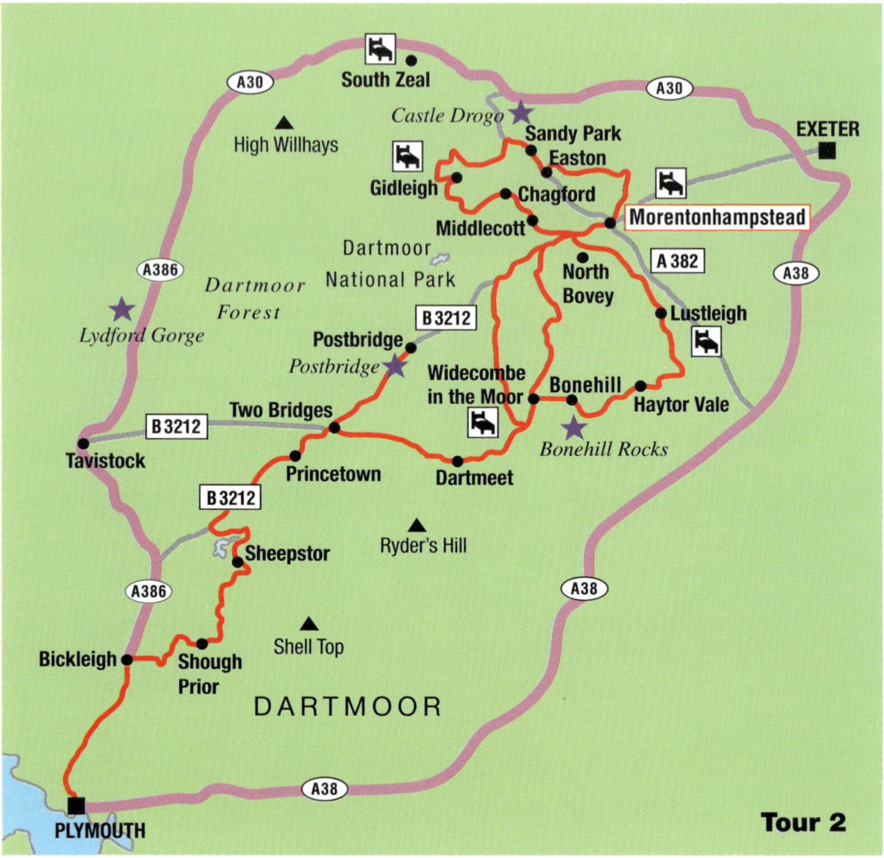

Gefahrene Strecke einschließlich Abstecher: etwa 300 Kilometer

Karte:

Offizielle Karte der AA Automobile Association, 1 : 200 000, Süd-England, Blatt 1, Kümmerly+Frey, 17,80 Mark

Das Dartmoor ist umgeben von einem Straßenring, zwei Hauptstraßen erschließen das Innere des Gebietes. Viele Single Track Roads enden an einem abgelegenen Hof oder führen einfach ins Nichts. Deshalb ist für die Routenplanung im Dartmoor unerläßlich die Ordnance Survey, 1 : 25 000, Outdoor Leisure 28, Ordnance Survey Southampton, Great Britain, 16,80 Mark.

Route:

Moretonhampstead – B 3212 Transmoor Route Richtung Postbridge nach ca. 8 km links abbiegen – Challacombe – Gamble Cot – Langworthy – Rowden Cross – Southcombe – Widecombe in the Moor – Wooder Manor – Natsworty Manor – Heatree – Heatree Cross – Easdon Farm – Barramoor – zurück auf die B 3212 – Morentonhampstead – A 382 Richtung Easton am Ortsende rechts nach Holcombe – Northmoor – Willingstone – Cranbrook – Uppacott Farm – Easton – Sandy Park – West Withecombe – Monks Whitecombe – Mast – Wonson – Aysh – Ford – Great Ensworthy – Moortown – Greenaway – Berrydown – Gidleigh – Murchington – Chagford – Middlecott – Thorn – North Bovey – Barnecourt – Sanduck – North Harton – Hammerslake – Ellimore – Lustleigh – südöstlich Richtung Drakeford Bridge – Reddaford Water – Tracey House (B 3387) – Haytor Vale – Harefoot Cross – Bonehill – Widecombe in the Moor – Chittleford – Pudsham Down – Buckland in the Moor – Buckland Bridge – Newbridge Hill (B 3357) – Uppacott – Dartmeet – Dunnabridge – Two Bridges (B 3212) – Abstecher zur Postbridge – Princetown – Dousland Plantation (Umfahrung des Burrator Reservoir) – Lowery Cross – Lower Lowery – Northworthy Bridge – Sheepstor – Ringmoor Cottage – Cadover Bridge – Homestead – Shaugh Prior – Shaugh Bridge – Hampool Cottages – Bickleigh – Plymouth

Übernachten:

Vorwahl Großbritannien: 0044

●● The Mill, Lustleigh, Newton Abbot, Devon TQ13 9SS, Telefon: 01647/277357. Wundervoll am Ortsrand gelegene historische Mühle direkt am Bach. Inneneinrichtung gleicht einem Museum. Sehr schöne Ferienwohnung unter dem Dach der Mühle, die bei geringer Auslastung schon mal als B&B verwendet wird. Liebevolles Frühstück mit hauseigenen Tourenvorschlägen für das Dartmoor.

●● Great Doccombe Farm, Moretonhampstead, Newton Abbot, Devon TQ13 8SS, Telefon: 01647/440694
300 Jahre altes Farmhaus mit komfortablen Zimmern. Dusche und Bad nur auf Etage.

●● Sheena Tower, Widecombe-in-the-Moor, Newton Abbot, Devon TQ13 7TE, Telefon: 01364/621308
Komfortables Gästehaus oberhalb von Widecombe mit wunderbarem Blick über das gesamte Tal.

●●● White Hart Hotel, Moretonhampstead, Newton Abbot, Devon TQ13 8NF, Telefon: 01647/440406, Fax: 01647/440565
Ehemaliges Posthaus zu den Zeiten von King George I. Jetzt ein Hotel im Zentrum von Moretonhampstead.

●●● Manor House Hotel, Moretonhampstead, Newton Abbot, Devon TQ13 8RA, Telefon: 01647/440355, Fax: 01647/440961
In einem großen Park gelegenes stilvolles Haus an der Transmoor-Route etwa 3 km hinter Moretonhampstead Richtung North Bevey.

●●●● Gidleigh Park Hotel, Gidleigh, Newton Abbot, Devon, Telefon: 01647/432367
Zwischen Gärten, Terrassen und Blumenbeeten verstecktes, sehr feines Landhaus. Eines der schönsten Country House Hotels in England das keine Wünsche offen läßt.

Sehenswert:

Castle Drogo
Südwestlich von Drewsteignton liegt hoch über dem Tal das architektonisch interessante Castle Drogo. Erbaut von einem zu Reichtum gekommenen Kolonialwarenhändler. Bauzeit von 1910 bis 1930.

Postbridge
Wahrscheinlich aus der Bronzezeit stammende Brücke aus riesigen, flachen Granitplatten inmitten des Dartmoores.

Lydford Gorge
Sehenswerte normannische Festungsanlage. Unterhalb windet sich in einer etwa 3 km langen Schlucht der Fluß Lyd durch eine herrliche Waldlandschaft und stürzt dann am White Lady Wasserfall etwa 35 Meter tosend in die Tiefe.

Romantisch: Reetgedecktes Cottage im Dartmoor

Bonehill Rocks
Wunderschöne Felsformationen mitten im Hochmoor auf der Strecke zwischen Harefoot Cross und Bonehill.

Haytor Vale
Hier hat Agatha Christie ihren ersten Roman beendet. Im Moorlands Hotel an der Straße nach Haytor Vale wird die Erinnerung an die Schriftstellerin gepflegt.

Adressen:

National Park Office
Tavistock: Town Hall,
Bedford Square,
Telefon: 01822/612938
Okehampton: Main Streets,
Nähe White Hart Hotel,
Telefon: 01837/53020

SCHMUGGLER UND PIRATEN

Auf den Spuren der Schrifstellerin Daphne du Maurier durch Cornwall, den wunderschönen Landstrich, wo Großbritannien im Meer verschwindet und die französische Bretagne ganz nah ist.

CORNWALL, NORTH DEVON UND SOMERSET

Atemberaubend: Wheal Coates Engine House

CORNWALL, NORTH DEVON UND SOMERSET

An diesem Morgen lacht der Himmel als ob er kein Wässerchen trüben könnte. Dabei war es erst gestern als uns dieser massive Regenschauer so überraschend zum vorzeitigen Abbruch der Tagestour gezwungen hat. Irgendwie trauen wir der Wetterlage noch nicht so richtig, denn wir erwischen uns beide immer wieder bei skeptischen Blicken nach oben. Der morgendliche Wetterbericht hat »wechselhaft mit heftigen Schauern« vorhergesagt.

Doch wie wir inzwischen wissen, ist der englische Wetterbericht ebenso unzuverlässig wie das Wetter selbst. Also beschließen wir, uns die Laune nicht verderben zu lassen und gleiten frohen Mutes in den Tag und über die – für Motorräder mautfreie - Mautbrücke über den River Tamar hinein nach Cornwall.

Englands südwestlichster Zipfel gilt vielen Britannien-Reisenden als die, im wahrsten Sinne, schönste Ecke der Insel. Für Daphne du Maurier, die große Dame des englischen Romans, auf deren Spuren wir hier an jeder Ecke stoßen sollten, war diese, sich vorwitzig in den Atlantik schiebende Landzunge der schönste Platz der Welt. »My beloved Cornwall« nannte sie es. Und in der Tat, bereits nach wenigen Kilometern auf der A 38 gen Westen finden wir, daß dies

Zwangsführung: Fahren im Kanal

ein schönes Fleckchen Erde ist. Aber es ist auch irgendwie anders. Different, wie die Briten sagen. Und »Different is worse«, lautet ein englisches Sprichwort. Vielleicht mag daher die eher ambivalente Haltung der Engländer gegenüber den »Cornish«, den Einwohnern Cornwalls kommen. Die stolzen und introvertierten Bewohner der Halbinsel haben immer versucht sich weitgehendste Unabhängigkeit in ihren Sitten, Gebräuchen und Lebensgewohnheiten zu bewahren. Durch den River Tamar als natürliche, geographische Grenze vom Rest der Insel abgesondert, gelang ihnen dies über Jahrhunderte hinweg auch ausgezeichnet. Cornwall weckt in vielen Menschen Assoziationen, die alle etwas Geheimnisvolles haben. Mit Cornwall werden alte Schmuggler-, Piraten- und Mördergeschichten ebenso in Verbindung gebracht wie dunkle Mythen um keltische Magie. In der Tat sind heute noch viele keltische Einflüsse in Sprache und Aussehen der Menschen sichtbar. Der hellhäutige, sommersprossige, rötlich-blonde Menschenschlag, den wir Kontinental-Europäer gerne als »typisch englisch« bezeichnen, ist hier weitaus seltener anzutreffen. Vielmehr sind die Menschen

Überall zu finden: Keltisches Steinkreuz

dunkelhaarig und von weniger schlaksiger Statur. Vieles, sogar die Dörfer und ihre Namen erinnern an die Bretagne. St. Mawes, St. Just, St. Ives, um nur ein paar zu nennen.

Cornwall ist der Ursprung der keltisch-englischen Sagenwelt. Hier stand Tintagel, der Geburtsort König Arturs, hier lebte und wirkte der Zauberer Merlin, der nichts anderes als ein später keltischer Druide war und hier soll angeblich Excalibur, das Zauberschwert des Artus in den Tiefen eines düsteren Sees im Bodmin Moor versenkt liegen. Eine wahrlich geschichts- und Geschichten-trächtige Gegend. Wir sind gespannt auf sie.

Bereits hinter Saltash beginnt die Landschaft sich langsam aber

Wildwuchs: Garten bei Lands End

stetig zu verändern. Die Hügel werden höher und runder. Fast wie geometrisch exakte Kugelsegmente liegen sie aneinandergereiht da. Die Einschnitte dazwischen sind tief und dicht bewachsen. Auch wenn wir immer noch diese »grüne Patchwork-Decke« vor uns liegen haben, so hat sie doch etwas von der parkähnlichen Lieblichkeit der östlichen Grafschaften verloren. Das Land wirkt rauher, herber, melancholischer.

Mit Looe erreichen wir unser erstes cornisches Küstenstädtchen. Beiderseits der Mündung des Looe Rivers breitet sich das kleine Städtchen mit seinen Gewirr aus kleinen verwinkelten Gäßchen aus. Unzählige Kneipen mit romantischen Namen, die an die Schmuggler- und Piratenzeit erinnern, finden sich hier.

Es gibt das »Fishermanns Arms«, das »Smugglers Cott«, »The Ship Inn«, »Ye Olde Salutation Inne« um nur einige zu nennen. Irgendwie schaffen wir es durch das Gewirr der Gassen, die natürlich allesamt Einbahnstrassen sind, bis an die Uferpromenade vorzudringen. Eine türkisfarbene Bucht mit hellem Sandstrand liegt vor uns. Menschen gehen am Strand spazieren, auf dem Wasser tummeln sich ein paar Kajak-Fahrer und ein Fischerboot läuft in den Hafen ein. Ein guter Platz für einen Becher heißen Kaffees.

Bald darauf befinden wir uns wieder auf der A 387 die uns westlich ins nur wenige Meilen entfernte Polperro führt. Polperro scheint der Bilderbuch-Ort für das Klischee des versteckten Piraten-Nestes zu sein. In einem tiefen Einschnitt verborgen liegt das Dorf mit seinen weiß getünchten Cottages im strahlenden Sonnenschein. Da der ganze Ort zur »Pedestrian Area« erklärt wurde, müssen wir die Mopeds am Eingang abgeben und streifen nun zu Fuß durch die engen Gäßchen. Als wir an den Hafen kommen, können wir uns trotz des hellen Sonnenscheins und der Menge an amerikanischen und deutschen Touristen gut vorstellen, wie es hier vor 200 Jahren zuging. Die Gegend erlangte durch ihren Ruf als Zentrum des Schmuggels traurige Berühmtheit. Das örtliche »Museum of Smuggling« dokumentiert dies eindrucksvoll. Durch die steilen Gassen und verwinkelten Treppen schlendern wir an buckligen Pubs zurück zum Parkplatz. Auch wenn das Dörfchen ein wirklicher Touri-Treffpunkt ist, so hat sich der Besuch trotzdem gelohnt.

Über ein Netz kleiner Sträßchen geht es weiter nach Fowey, wo wir zum ersten Mal auf die Spuren von Daphne du Maurier stoßen. Hier hat sie nämlich bis zu ihrem Tode im Jahre 1989 gelebt. Die gesamte Innenstadt ist wegen des kommenden Daphne du Maurier-Festivals für den Fahrzeugverkehr gesperrt. Überall hängen Plakate aus, die auf die Veranstaltung hinweisen. Man spürt förmlich wie stolz die Leute auf »ihre« Schriftstellerin sind. In der Tat hat sie mit ihren 27 Romanen viel zur Weltliteratur beigetragen. Viele davon sind verfilmt worden. Mir fällt »Jamaica Inn« ein, oder Hitchcocks »Die Vögel« oder der Gänsehautthriller »Wenn die Gondeln Trauer tragen«. All diese Werke sind hier, fünf Kilometer westlich von Fowey, auf ihrem Landsitz Menabilly entstanden. Menabilly diente in ihrem Roman »Rebecca« als Vorlage für den düsteren und verwunschenen Landsitz Manderley.

Wir überqueren den River Fowey auf der kleinen, klapprigen Gierfähre, um am westlichen Ufer durch dichten Wald wieder auf die Höhe der Klippen zu gelangen. Weit und scheinbar baumlos zieht sich die Ebene mit ihren großen Getreidefeldern dahin. Ein paar Hecken und vereinzelte Gehöfte sind die einzige Abwechslung.

Dafür macht die Straße großen Spaß. Kurvig und mit zuverlässig griffigem Belag versehen, lädt sie uns zu einer etwas flotteren Fahrt ein. Bis St. Mawes lassen wir es ein bißchen laufen. Zumal es weit über die Mittagszeit hinaus ist und wir großes Verlangen nach einem saftigen Sandwich verspüren. Doch vor die Mittagspause hat der liebe Gott noch die Geschichte gestellt und so schauen wir uns erst noch das imposante »St. Mawes Castle« an, be-

Schöne Lage: Fowey

vor wir mit Cheese & Tomato Sandwiches an einem windgeschützten, sonnigen Plätzchen an der Kaimauer pausieren.

Am Ortseingang von Gweek, einem romantischen kleinen Dörfchen fernab vom großen Tourismus, entdecken wir rechts neben der Straße ein kleines Gartencafé. Und da es sowieso Zeit für einen guten Schluck heißen Kaffees ist, kehren wir in »Gweek Tea Gardens« ein. Ein älteres, äußerst freundliches und zuvorkommendes Ehepaar begrüßt uns und beginnt sofort mit einer längeren Diskussion darüber, ob wir wohl besser drin oder draußen sitzen sollten. Anfangs stehen wir völlig teilnahmslos da, dann aber nehmen wir den beiden doch die Entscheidung ab, indem wir uns einfach an irgendeinen Tisch im völlig leeren Garten setzen. Die Lady bringt uns heißen Kaffee, dessen mangelnde Stärke sie mit ihrer übergroßen Fürsorge um uns wieder ausgleicht. Engländer sind freundliche Menschen, denken wir. Aber diese beiden sind irgendwie besonders. Und auf den zweiten Blick stel-

Düster: Engine House bei St. Agnes

Erfrischend: Englands erstes und letztes Haus ist eine Kneipe

len wir auch das Besondere an ihnen fest. Sie sind wohl beide hoffnungslose »Herr der Ringe«-Fans. Überall im Café hängen romantisch verklärt gemalte Bilder aus Tolkiens Märchenwelt und im Garten steht eine Plastik von Gollum im Rasen. Als wir aufbrechen, entdecke ich auch den kleinen gelben Zettel, auf dem sie sich erklären: »Our Motto is: anything at anytime; our theme is: The Lord of the Rings; our wish is: that you will enjoy a good meal in peaceful surroundings at a fair price«. Diesem Anspruch werden die beiden ganz und gar gerecht. Ein lohnenswerter Besuch.

Wir lassen die beiden in ihrer Traumwelt zurück und fahren weiter nach Süden, dem Lizard Point entgegen. Die Landschaft steigt noch etwas an und eine phantastische Beleuchtung liegt über der Halbinsel. Es ist dieses helle, klare Licht, das oft nach heftigen Gewitterschauern entsteht. Von Westen strahlt eine tiefstehende Sonne gegen die dunkle Gewitterfront, die nach Osten abzieht und der wir entgangen sind. Der Wind treibt kleine, blaue und rosafarbene Wolkenfetzen vor sich her. Auf tiefgrünen Weiden stehen große, schwarzweiß gefleckte Kühe. Die Musik von Pink Floyd fällt mir ein. Sie paßt so gut zu dieser surrealen Szenerie wie auch das Platten-Cover von »Atom Heart Mother« von hier stammen könnte. Plötzlich tauchen rechts aus dem Nichts mehrere riesige Parabol-Antennen auf. Das gibt dem Ganzen einen noch unwirklicheren Charakter. Es ist die »Goonhilly Downs Earth Station«, von wo aus die Engländer ihre Telefongespräche per Satellit über den Atlantik schicken.

Je weiter südlich wir kommen, desto einsamer wird die Gegend. Die Dörfer werden kleiner und wirken immer verlassener. Schließlich erreichen wir am Abend den Lizard Point. Die kleine Imbißbude mit Souvenirshop hat bereits geschlossen, als wir auf die Klippe mit dem atemberaubenden Ausblick treten. An drei Seiten von Wasser umgeben bläst ein heftiger Wind über den südlichsten Punkt des vereinigten Königreichs. Tief unter uns tost ein brausendes Meer und über uns, auf der nächsthöheren Klippe steht ein strahlendweißes Lighthouse, dessen Lichtstrahl sich gegen die untergehende Sonne verliert. Deutlich dringt das Donnern der Brandung zu uns herauf. Und dennoch ist es ein Ort der Ruhe und Entspannung. Völlig vergessen sitzen wir am Rand der Klippe und blicken auf die weite See hinaus. Weit draußen pflügt sich eine leuchtend weiße Fähre durch die Wellen. Ein phantastischer Moment.

Es ist halb zehn und bereits dunkel, als wir Helston erreichen. Im »Strathallan« kriegen wir bei Mike und Rosemary Wadley das letzte Zimmer. Wahrscheinlich ist es sogar das letzte im ganzen Städtchen. Denn es ist Freitag und an Wochenenden sollte man sich rechtzeitig nach einem Quartier umsehen, denn die Engländer verreisen dann selbst gerne. »Getting away from it all« nennen sie ihre Wochenendausflüge. Helston ist ein netter Ort mit einem Haufen gemütlicher Pubs. Und die typische Freitagabend-Beschäftigung der englischen Jugend ist es von Pub zu Pub zu ziehen. Obwohl sie sich alle ähnlich sind und das Bier garantiert in jedem »Public House« gleich schmeckt, ist es Sitte sie alle zu besuchen. Wir machen da natürlich keine Ausnahme. Aber sowohl im »Simmons Arms« als auch im »Angel Hotel« ist es so laut, daß wir es nicht lange drinnen aushalten. Diese beiden Kneipen scheinen wohl so eine Art Disco zu sein. Hämmernde Punk-Musik dröhnt aus den Lautsprechern. Vor beiden Pubs stehen diese typisch englischen Türsteher: massige Kerle mit Marines-Frisur in weißen Hemden und schwarzen Bomberjacken. Die schmale, schwarze Krawatte ist ebenso obligatorisch

Spektakulär: Straßenführung bei Millock

wie sie fehlplaziert wirkt. Mir ist nicht ganz klar wozu sie eigentlich da sind, beziehungsweise wie man aussehen muß um nicht eingelassen zu werden. Denn drinnen ist die gesamte Bandbreite menschlichen Daseins vertreten. Wir selbst ziehen ins »O'Donovans Inn« weiter, wo wir bei einem oder zwei pints of Guinness eine gute Partie Darts spielen. Wie immer gewinnt Christian.

Im »Blue Anchor« beschließen wir den Abend. Obwohl man hier knöcheltief in der Bierschwemme steht, verpassen wir trotzdem knapp die »last order«. Mit Engelszungen reden wir auf die tätowierte Lady hinter der Theke ein, sie läßt sie sich jedoch nicht erweichen. Um elf ist hier Sperrstunde, »comes hell or high water«.

Am nächsten Morgen stärken wir uns im Strathallan noch mit einem hervorragenden Frühstück bevor wir in Richtung Westen weiterfahren. Eher unspektakulär zieht sich die A 394 in Richtung Penzance hin. Doch plötzlich, kurz hinter Goldsithney, als wir den Scheitelpunkt einer kleinen Kuppe überqueren, erhebt sich links vor uns der St. Michaels Mount mächtige siebzig Meter aus dem Meer. Bereits im Mittelalter war dieser Ort eine der wichtigsten Wallfahrtsstätten. Heute ist es eine zum Schloß umgebaute Seefestung, die man nur bei Ebbe zu Fuß erreichen kann.

Wir hingegen umrunden motorisiert die Mounts Bay um am Ortsende von Penzance das kleine weiße Sträßchen zu finden, das über Newlyn direkt an der Küste entlang nach Süden führt. Ein unglaublich helles, fast griechisches Licht liegt über dem Küstenstreifen mit seinen steilen Klippen, weiß getünchten Cottages und seiner subtropischen Blütenpracht. Ein wunderschönes, nahezu mediterranes Fleckchen Erde.

Ganz anders dagegen die Nordküste. Ein spektakulärer Ausblick auf die tosende See begleitet uns auf unserem Weg, entlang dem nördlichen Teil der cornischen Küste. Wir passieren St. Just, das unscheinbare, kleine graue Dörfchen mit dem französischen Charakter. Hier beginnt die Gegend, die bereits in vorchristlicher Zeit die größten Zinnvorkommen der damals bekannten Welt barg. Die Kelten waren hervorragende Metallurgen, die bereits um 600 v. Chr. das begehrte Erz aus dem Boden schürften und bis in den Mittelmeerraum exportierten. Aber erst im 18. Jahrhundert begann man damit, das schimmernde Metall, das zur Bronzeherstellung unentbehrlich ist, maschinell zu Tage zu fördern. Eine ganze Reihe ver-

Kunst für sich: Gasthaus-Schilder in England

fallener Maschinenhäuser zeugt von diesen Tagen.

Wir verlassen St. Just in nördlicher Richtung auf der B 3306. Die Landschaft hat sich merklich verändert. Von der mediterranen Heiterkeit der Südküste ist hier nichts mehr zu spüren. Vielmehr ist es wieder diese düstere Hochmoorlandschaft, die mit ihren steinernen Zeugnissen an die dunkle Zeit keltischer Mystik erinnert. Eins dieser Monumente ist Men-An-Tol, der kreisrunde Stein mit dem Loch in der Mitte, dem magische Kräfte zugesprochen werden. Wir finden ihn bei Great Bosullow, »in the middle of nowhere«. Kaum ausgeschildert und nur von ganz wenigen Touristen besucht, liegt er da seit Jahrhunderten auf seiner Hochmoorwiese herum. Die Überlieferung sagt, daß Kinder, die durch seine Öffnung hindurchgereicht werden, vor Krankheit und Verderben geschützt sind. Wir überlegen, ob wir die BMW hindurchschieben sollen, aber die Öffnung ist zu klein. Also vertrauen wir weiterhin auf das Improvisationstalent britischer Dorfmechaniker.

Nach wenigen Meilen erreichen wir St. Ives, das wohl schönste Hafenstädtchen an der cornischen Küste. Im strahlenden Sonnenschein liegen weiß getünchte

After the rain has gone: Trewint

Spaßmacher: Küstenstraße in Cornwall

Häuser um die weite Bucht mit dem goldgelben Sandstrand. Hellblau und türkis schimmert das Meer. Da ist sie wieder, die mediterrane Heiterkeit. In den Straßen herrscht ein geschäftiges Treiben. Die Leute kaufen ein, essen Eis oder sitzen einfach nur in der warmen Sonne vor den Pubs und geniessen ihr Ale. Selbst ein kurzer Regenschauer kann die Frühsommerfreude nicht trüben. Ein guter Platz für eine ausgedehnte Mittagspause. Natürlich mit Sandwiches.

Ganz gemütlich fahren wir am späten Nachmittag weiter die Nordküste hinauf. Immer auf Klippenhöhe zieht sich die B 3301 nordwärts und gibt den Blick auf das tosende Meer frei. Nur ab und zu bequemt sie sich hinunter, in den einen oder anderen kleinen Hafenort, die allesamt versteckt in kleinen Buchten liegen. Es ist ein Spiel der Farben. Oben das satte, tiefe Grün der Wiesen und Weiden, unten in dunkelblau und türkis das Meer und darüber spannt sich ein weiter, hellblauer Himmel. An der Klippenkante blühen kleine bunte Blumen.

In St. Agnes, einem alten Bergbaustädtchen suchen wir nach dem Wheal Coates Engine House, einem der wenigen gut erhaltenen Maschinenhäusern des

Bergbaus des 19. Jahrhunderts. In großartiger Tristesse stehen Schlot und Maschinenhaus an den Felsklippen hoch über dem Meer. Hier wurde, von Dampfmaschinen angetrieben, bis in die 60er Jahre unseres Jahrhunderts Zinnerz und sein Abraum ans Tageslicht befördert. Doch dann kam billigeres Zinn aus Afrika und Südostasien. Die Menschen wurden arbeitslos und die Bergwerke verwaisten. Heute stehen sie als Ruinen herum und prägen das Bild der cornischen Landschaft.

In Perranporth verläßt die Straße die Küste, um nach wenigen Meilen in die gut ausgebaute A 30 zu münden. Diese führt uns in nordöstlicher Richtung nach

What's on: Piratendisco

Bodmin, der Hauptstadt von Cornwall. Bodmin liegt am Rande des gleichnamigen Moores und ist somit ein idealer Ausgangspunkt für Touren in diesen rauhen und düsteren Teil des Landes. Im 18. Jahrhundert war das Bodmin Moor als verlassene und unwirtliche Gegend und Dank seiner zentralen Lage zwischen den Küsten das Zentrum für Schmuggel und Riff-Pirate-

Ausblick: Klippen am Navax Point

rie. Französische Waren wurden in den kleinen, versteckten Buchten der Südküste um Polperro gelöscht und durch das Moor an die Nordküste weitertransportiert. Von dort gings per Schiff weiter nach Irland. Mit den irischen Waren passierte dasselbe auf umgekehrtem Weg. In stürmischen Nächten wurden an den Küsten Falschfeuer gelegt um die Schiffe am Riff stranden zu lassen. Wer von der Mannschaft die Havarie überlebte und sich an den Strand retten konnte, wurde erschlagen, die Wracks wurden geplündert und die Fracht im Bodmin Moor verhehlt. Nicht nur in Daphne du Mauriers gleichnamigem Roman war das Zentrum des organisierten Verbrechens die Postkutschenstation Jamaica Inn in Bolventor.

Über St. Neot tasten wir uns

Traumsträßchen: A39 bei Lynmouth

langsam nach Norden, in Richtung Bolventor vor. Zwischenzeitlich paßt auch das Wetter zur Landschaft. Dunkle, tiefliegende Wolken sind aufgezogen, die der Wind in Fetzen übers Moor peitscht. Ab und zu nieselt es. Zu unserer Linken taucht der dunkle Colliford Lake auf. Vielarmig und verästelt füllt er die Talsohle auf. Bestimmt ist er nicht tief, denke ich, aber er sieht kalt, moorig und tödlich aus. Eine Gänsehaut-Gegend. Wenig später erreichen wir einen weiteren, aber wesentlich kleineren See: Dozmary Pool. Er erscheint uns weit weniger dramatisch. Mit etwas Wohlwollen könnte man ihn auch als feuchte Wiese bezeichnen. Doch er soll ein großes Geheimnis bergen: auf seinem Grund soll Excalibur, das Zauberschwert König Artus versenkt liegen. Wir fragen uns warum sich hier keine Heerscharen von Sporttauchern und Nebenerwerbs-Schatzsuchern rumtreiben um das Schwert zu bergen. Wahrscheinlich liegt es, wenn es wirklich da drin liegt, metertief im Schlick versunken.

Nur ein paar Minuten später erreichen wir Bolventor und noch bevor mir so richtig bewußt wird, daß dies ja der Ort des legendären Jamaica Inn ist, stehen wir auch schon davor. Geduckt und langgestreckt liegt das 300 Jahre alte Haus aus grauem Granitstein vor uns. Vor dem Wirtshaus schaukelt das Schild mit dem Piraten, dem Papagei und dem sinkenden Schiff im Wind. Wir wissen, daß dies heute ein touristisch vermarkteter Laden ist, aber es ist kalt, wir sind müde, wir sind hungrig und daher beschließen wir uns hier einzumieten.

Eine halbe Stunde später sitzen wir in der rauchigen Stube des Pubs beim dunklen Bier und schauen uns neugierig um, während wir auf das Essen warten. Man hat ganz offensichtlich versucht alles so zu gestalten wie Daphne es in ihrem Roman beschreibt. Die Türschwelle, an der im Buch der grausame Wirt und Kopf der Piratenbande sein Leben läßt, ist am Boden markiert. In einem eisernen Bauer sitzt ein großer, blauer Papagei. Wahrscheinlich schon der zehnte in direkter Nachkommenschaft, seit den Tagen des Romans. Irgendwann kommt schließlich auch das Essen und bestätigt auf traurige Weise alle Vorurteile, die man über die englische Küche hat.

Als wir am nächsten Morgen starten, ist es lausig kalt und es regnet. Ein kräftiger Westwind pfeift übers Bodmin Moor, das jetzt noch kahler und unfreundlicher erscheint.

Auf einsamen kleinen Sträßchen, immer entlang der Küste gelangen wir nach Bude und von dort zum Hartland Point. In wilder Urwüchsigkeit schiebt sich die Landzunge in den Atlantik. Dieses Kap ist seit Jahrhunderten ein Alptraum der Seefahrer. Unzählige Schiffe liegen dort auf Grund, und einen Havaristen kann man sogar von den hundert Meter hohen Klippen aus sehen. Doch vorher müssen wir einem rotgesichtigen Bauern noch ein Pfund für die Benutzung des Weges bezahlen. Der Hartland Point ist nämlich in Privatbesitz.

Doch als wir nach fünfminütigem Fußmarsch auf der Klippe stehen, sind wir durch den grandiosen Anblick mehr als entschädigt. Nach drei Seiten hin fallen die Klippen steil zum Meer hin ab. Vor uns schiebt sich über einen schmalen Grat eine spitze Landzunge ins Meer, auf der ein strahlend weißes Lighthouse steht. Links unter uns liegt das verrostete Wrack der Johanna, eines in der Silvesternacht 1982 gestrandeten Weizendampfers. Türkis schimmert die See herauf und überall blühen kleine Blumen in gelb und rosa. Ein schöner Ort, wenn man kein Seefahrer ist.

Viele alte Eichen stehen in der Gegend um den Hartland Point. Sie strecken ihre verkrüppelten Äste wie Arme beim Ringelreihenspiel über die Straße und bilden so einen Tunnel, durch den wir hindurch müssen. Fast haben wir den Eindruck, sie wollen nach uns greifen. Bei Dyke treffen wir die A 39 wieder. Nicht spektakulär, aber zügig bringt sie uns nach Barnstaple, dem Tor zum Exmoor.

Bereits vor dem Hartland Point haben wir die Grenze von Cornwall nach North Devon überschritten und jetzt beginnt sich auch die Landschaft zu verändern. Langsam wandeln sich die Ginsterheide-Formen Cornwalls in eine wellige Agrarlandschaft aus Wiesen und Weiden, die nur von den obligatorischen Hecken und Trockenmauern unterbrochen wird. Kurvig und zunehmend bewaldet geht es jetzt hinauf ins Exmoor. In Kentisbury Ford haben wir die Hochebene erreicht. Durch schattige Mischwälder aus Buchen, Eichen und Fichten, die von mannshohen Farnen durchzogen sind, schlängelt sich das graue Band über die sanften Hügel bis hinunter nach Barbrook. Nach Lynton steigt die Straße wieder steil auf die Höhe der Klippen an und bietet noch kurz einen fantastischen Ausblick auf das blaue Meer, bevor sie sich landeinwärts dem Hochmoor zuwendet. In der weiten Heide stehen vereinzelte Kiefern und Fichten, die der ständige Westwind krumm und bucklig gequält hat. Neugierige Schafe verdrehen die Köpfe, als wir vorbeifahren. Obwohl es schon spät ist und wir Dunster, das Ziel unserer Somerset-Cornwall-Devon-Tour endlich erreichen wollen, lassen wir uns den kleinen Abstecher hinunter nach Porlock nicht entgehen. Auf einem wunderschönen kleinen Sträßchen gleiten wir durch einen Zauberwald hinunter an die Küste. Die schrägen Strahlen der tiefstehenden Sonne lassen die, vom Efeu

Good place to be: Sloop Inn in St. Ives

überwachsenen Eichen, die hellen Buchen und die dunklen, riesigen Rhododendren in allen Grün- und Goldtönen schimmern. Lustig tanzen die Lichtflecke auf der Straße. Porlock selbst ist ein verträumtes kleines Hafenörtchen, das gelassen in der milden Abendsonne liegt. Kleine, von bunten Blumen überwachsene Cottages laden zum Verweilen ein. Sanft fällt das liebliche Wiesental zur Küste hin ab. Über Mineshead erreichen wir schließlich Dunster, das englische Vorzeigedörfchen. Ein normannischer Kirchturm, ein Schloß, eine Wassermühle. Nette, weiß getünchte Häuser mit kleinen Läden an der aufgeräumten Hauptstraße. Und das Castle Hotel, in dem wir uns für die Nacht einquartieren. Es stellt sich als wahrer Glücksgriff heraus. Ein wunderschönes, großes Zimmer für 25 Pfund pro Mann, eine sehr freundliche und zuvorkommende Wirtsfamilie und, was das Beste ist, eine hervorragende Küche. Nach all den vielen Barmeals der vergangenen Tage, genießen wir die zarten Lendchen an Sahnesoße mit einer guten Flasche Pinot Blanc. Zum Nachtisch gibt es frische Erdbeeren an clotted cream. Britain is great.

INFO CORNWALL, NORTH DEVON UND SOMERSET

Gefahrene Strecke einschließlich Abstecher: etwa 700 Kilometer

Karte:

Offizielle Karte der AA Automobile Association, 1 : 200 000, Süd-England, Blatt 1, Kümmerly & Frey, 17,80 Mark

Für die Planung von kleineren Touren über Nebenstraßen und Single Track Roads sollte die Ordnance Survey, ca. 1 : 75 000, Touring Map & Guide 4, Ord-

nance Survey Southampton, Great Britain, 16,80 Mark, im Gepäck sein.
Bei der Tourenplanung durch das Tierparadies Exmoor hilft die Ordnance Survey, 1 : 25000, Outdoor Leisure 9, Ordnance Survey Southampton, Great Britain, 16,80 Mark.

Route:

Plymouth (A8) – Budges Shop (A 87) – Looe – Trelawne – Polperro – Polruan – Fowey (A 3082) – Par – St. Austell (A 390) – St. Mewan – Hewas Water (B 3287) – Tregony (A 3087) – St. Mawes – St. Just Lane (B 3289) – Playing Place (A 39) – Mabe Burnthous (A 394) – Edgcumbe – Seworgan – Gweek – Mawgan Cross (B 3293) – Garras – Goonhilly Downs Earth Station – Kuggar – Ruan Minor – A 3083 – Lizard Point – Penhale (B 3296) – Mullion – Penhale (A 3083) – Helston (A 394) – Marazion (St. Michael's Mount) – Penzance – Newlyn – Mousehole – Raginnis – Castallack – Lamorna – Trewoofe (B 3315) – Trethewey – Land's End (A 30) – Escalls (B 3306) – St. Just (B 3306) – Morvah – Men-An-Tol – Morvah – Treen – St. Ives (A 3074) – Hayle (B 3301) – Gwithian – Portreath – Cambrose – Menagissey – Porthtowan – Goonvrea – St. Agnes (B 3285) – Perranporth – Goonhavern – A 30 – Mitchell – Bodmin (A 38) – Doublebois – St. Neot – Bolventor (A 30) – Trewint – Altarnun – Bowithick – A 39 – Camelford (B 3266) – Penpethy (B 3263) – Tintagel – Boscastle – Crackington Haven – Coxford – Dizzard – Widemouth Bay – Bude – Bush (A 39) – B 3248 – Hartland – Hartland Point – Hartland – Dyke – Clovelly – Dyke (A 39) – Bideford – Barnstaple (A 39) – Kentisbury Ford – Churchtown – Barbrook – Lynmouth – Contisbury – Porlock – Mineshead – Dunster

Übernachten:

Vorwahl: 0044

●● Penkerris, St. Agnes, Penwinnick Road, St. Agnes TR5 0PA, Telefon: 01872/552262. Bezauberndes Landhaus mit gemütlichen Zimmern, die bei Bedarf zusätzlich mit Kaminfeuer beheizt werden. Startpunkt für einen dramatischen Klippenspaziergang.

●● Hillside, Higher Allerford, Minehead TA24 8HS, Telefon: 01643/86 2831.
Niedliches Landhaus des National Trust mit herrlichem Blick über Allerford. Guter Ausgangspunkt für Erkundungstouren in das Exmoor.

●● Castle Villa, Tintagel, Molesworth Street, Tintagel PL34 0BZ, Telefon: 01840/77 0373.
Über 160 Jahre altes Gästehaus. Liegt günstig für Besichtigungstouren zum Post Office und King Arthur s Castle.

●●● Cliff Hotel, Bude, Crooklets Beach, Bude EX23 8NG, Telefon: 01288/35 3110, Fax: 01288/35 3110.
Komfortables Hotel mit Pool und Tennisplatz in unmittelbarer Nähe zum Strand.

●●● Cedars Lodge Inn, Barnstaple, Bickington Road, Barnstaple EX31 2HP, Telefon: 01271/7 1784, Fax: 01271/2 5733.
Großes Landhaushotel mit eigenem Restaurant und Pub.

●●● Dunster Castle Hotel, Dunster, The High Street, Dunster Somerset TA24 6SF, Telefon: 01643/82 1445, Fax: 01643/82 1558.
Wunderbares Hotel in der High Street von Dunster in unmittelbarer Nähe des Marktkreuzes. Besonders freundliche Wirtsfa-

Bei Tageslicht gar nicht gruselig: Jamaica Inn

milie die ihre Gäste gerne mal den hauseigenen Apfelmost (Cider) probieren läßt.

●●● Coombe Farm, Looe,
Widegates, Looe PL13 1QN,
Telefon: 01503/24 02 23,
Fax: 01503/24 08 95.
Charmantes Landhaus mit herrlichem Blick auf die See ca. 3 Meilen außerhalb von Looe. Leckeres Dinner wird bei Kerzenlicht serviert.

●●● Hembal Manor, St. Austell,
Hembal Lane, Treewon,
St. Austell PL25 5TD,
Telefon: 01726/7 11 41,
Fax: 01726/7 21 44.
Schönes Landhaus aus dem 16. Jahrhundert in einem 3 Hektar großen Garten.

●●● Strathallan, Helston,
Monument Road,
Cornwall TR13 8HF,
Telefon: 01326/57 36 83,
Fax: 01326/57 36 83, eMail:
STRATH@STRATH.AVEL.CO.UK
Wunderbare Zimmer mit perfektem Service und genialem Frühstück bekommt man bei Rosemary und Mike. Außerdem liegt das Haus sehr günstig für einen abendlichen Kneipenbummel mit Abschluß im legendären Blue Anchor.

●●●● Jamaica Inn, Bolventor,
Launceston, Cornwall PL15 7TS,
Telefon: 01566/8 62 50,
Fax: 01566/8 61 77.
Durch Daphne du Mauriers gleichnamigen Roman zu Berühmtheit gelangter verrufener Gasthof mitten im schaurigen Bodmin Moor.

Sehenswert:

Polperro
War bis Anfang des 19. Jahrhunderts ein florierendes Schmugglernest. Ähnlich wie Clovelly fest in touristischer Hand. Der Ort ist für Fahrzeuge aller Art gesperrt. Zu Fuß oder per Pferdekutsche gelangt man in die steile Schlucht. Wunderschöne, verwaschene Cottages umrahmen den Fischerhafen mit den Kuttern. Nur zu gut kann man sich das Treiben der Schmuggler hier vorstellen.

St. Michael's Mount
Vorgelagerte Gezeiteninsel aus Granitfelsen wo nach der Legende 495 n.Christus der Erzengel Michael einigen Fischern erschienen sein soll. Seitdem ein heiliger Ort. 1135 wurde von Benediktinermönchen des Klosters Mont St. Michel in der Bretagne ein Ableger gegründet.

Men-an-Tol
Nordöstlich von St. Just steht der kreisrunde Stein, dem magische Kräfte zugeschrieben werden. In der ganzen Umgebung trifft man immer wieder auf Granitblöcke und in den Himmel ragende Steinkreise mit mehr oder weniger mystischen Legenden und Geschichten.

St. Agnes
Hier stehen die Schlote und Maschinenhäuser der Zinnminen direkt an den Felsklippen am Meer, Die Industrie-Monumente sind längst zum Wahrzeichen Cornwalls geworden. Grandiose, gespenstische Szenerie vor allem am Wheal Coates Engine House.

Jamaica Inn
Legendäre Schmuggler-Kneipe mitten in unheimlicher Moorlandschaft. Bei düsterem regnerischem Wetter ist die Gänsehaut garantiert, besonders wenn man durchnäßt in die niedrige Schankstube kommt und den riesigen Papagei vor sich sieht. Hier wird der Roman von Daphne du Maurier lebendig.

Tintagel
Sehenswert außer den Zeugnissen von König Arthus ist das Old Post Office, ein mit massiven Schieferplatten gedecktes Haus aus dem 14. Jahrhundert. In den winzigen Räumen war einmal das lokale Postamt untergebracht. Auf der weit ins Meer ragenden Felsenburg Tintagel wurde König Arthus um 473 geboren, ist hier aufgewachsen und wurde sowohl christlich erzogen, als auch vom Magier Merlin in die Welt der Kelten eingewiesen. Von der einst stolzen Festung sind nur noch die Grundmauern erhalten, die immer noch beeindrucken.

Hartland Point
Jahrhundertelang ein Alptraum der Seefahrer, wie die Reste des 1982 zerschellten Frachters Johanna heute noch beweisen. Unzählige Schiffe sind hier in Seenot geraten, Zehntausende von Seeleuten haben an diesem unwirtlichen Küstenstreifen den Tod gefunden.

Clovelly
Wohl eines der schönsten Dörfer in den West Counties und dementsprechend gut von Touristen besucht. Fahrzeuge aller Art werden am Parkplatz abgestellt und zu Fuß geht es 120 Meter tief hinab bis zum Hafen. Die Häuschen kleben wie Schwalbennester in den Felsnischen. Wer dem Massentourismus ent-

Nur bei Ebbe zu erreichen: St. Michaels Mount

fliehen will, fährt ein paar Meter weiter nach Buck's Mill und kann ähnlich aufregend bebaute Klippenwände bestaunen.

Dunster Castle
Dunster High Street
Malerischer Ort an der Nordgrenze des Exmoores mit mächtiger Trutzburg aus dem 11. Jahrhundert. Die tropischen Gartenanlagen ziehen sich um den Hügel herum. In der Mitte der High Street steht das achteckige, schiefergedeckte Marktkreuz von 1609. Es erinnert an den Wohlstand des vergangenen Zentrums der Tuchindustrie.

Adressen:

Exmoor Nationalpark
Dunster: Steep Car Park,
Telefon: 01643/22495

Tourist Info
Falmouth: Tourist Office,
Killigrew Street,
Telefon: 01326/31300

BERGE UND ABTEIEN

Traumhafte, kaum befahrene Asphaltbändchen ziehen sich durch die mystische, wald- und wiesenreiche Gegend des walisischen Marschlandes.

Wilde Flucht: Schafe bei Cwmystwyth

SW
AN151

Der starke Südwestwind bläst uns fast von den Motorrädern als wir den River Severn auf der imposanten Severn Toll Bridge überqueren. Zu unserer Linken spannt sich die zweite der beiden imposanten Brücken über die drei Meilen breite Mündung des Flusses, der an dieser Stelle England von Wales trennt. Vierzig Meter über dem Wasser haben die englischen Straßenbauer die Fahrbahn an zwei riesige Pfeiler gehängt. Der starke Wind zwingt mich trotz Geradeausfahrt in permanente Schräglage. Wenn jetzt noch eine Böe kommt dann bläst es mich in den Bach, denke ich mir.

Doch wir kommen beide heil im Kreisel an der Westseite an und verlassen ihn in nördlicher Richtung auf der A 466. Hinter St. Arvans windet sich die Straße in engen Kurven den dicht bewaldeten Hügel hinauf. An diesem heißen Nachmittag tut uns die schattige Kühle des völlig unenglischen Fichtengehölzes gut. Englische Wälder bestehen sonst fast ausschließlich aus Laubbäumen. Aber wir sind ja auch in Wales. Was vor allem die Waliser sehr genau zu differenzieren verstehen.

Mächtig: Tintern Abbey

Berg- und Talbahn: Straße zwischen Monmouth und Abergavenny

Als wir den Wald verlassen, befinden wir uns bereits im lieblichen Tal des River Wye. Mächtig, fast bedrohlich erhebt sich zu unserer Rechten die Ruine der Tintern Abbey. Der imposante Bau stammt aus dem 13. Jahrhundert und wurde als Zisterzienserkloster gegründet. Während die Außenmauern der Kirche nahezu vollständig erhalten sind, ist über das Kloster im wahrsten Sinne des Wortes Gras gewachsen. Ein gepflegter, frisch-grüner

Zwei Weißmacher:
Mutter mit Kind

Rasen umgibt das Gemäuer. Eher rustikal hingegen ist die benachbarte Wiese, auf der wir unsere mitgebrachten Sandwiches (was sonst?) auspacken, um im Schatten der Ruine erstmal eine ausgedehnte Pause zu machen.

Die Sonne hat ihren Zenit weit überschritten, als wir uns wieder auf den Weg machen. Es ist eine wahre Freude auf dem kurvigen, aber gut ausgebauten Sträßchen entlang des Wye flußaufwärts zu fahren. Gemächlich fließt der Bach in seinem Wiesenbett, eingerahmt von bewaldeten Hügeln und immer von unserer Straße begleitet. So erreichen wir Monmouth, die Hauptstadt unserer ersten walisischen Grafschaft. Unser Tagesziel sind jedoch die einsamen Black Mountains, die sich westlich von Abergavenny ausdehnen. Schnurgerade, in teilweise atemberaubenden Gefällen und Steigungen liegt die Straße auf die Landschaft geklebt, jede Ausformung des Geländes nachvollziehend. Hinter Abergavenny wachsen plötzlich links und rechts die Berge aus dem Boden und scheinen immer näher zu kommen. Das Tal wird schmaler. In Crickhowell verlassen wir die A 40, um nun tief in die Einsamkeit der Black Mountains einzutauchen. Auf einspurigen Sträßchen, vorbei an Farmen und Gehöften fahren wir in den milden Abend hinein. Hinter ei-

ner Kurve finden wir uns plötzlich hinter einem dieser kleinen, offenen Lieferwagen wieder, mit dem hierzulande die Milch ausgefahren wird. Vor ihm fährt ein zweiter und ganz offensichtlich scheint es den beiden einen Heidenspaß zu machen, so schnell wie möglich durch die von hohen Hecken eingefaßten Straßenkanäle zu fegen. Wie an einer unsichtbaren Schnur gezogen flitzen sie um die Kurven. Als wir uns an einem Gefällstück etwas weiter zurückfallen lassen und die Sache sozusagen von oben betrachten können, kommt es mir fast wie in einem Trickfilm oder auf der Modelleisenbahn vor. Das Schauspiel hat ein Ende, als sich die beiden an der nächsten Weggabelung trennen. Und wir uns von ihnen.

Wir biegen nach Norden ins Tal des Afon Honndu ein. Die Dämmerung hat bereits eingesetzt als wir in dem kargen Bergtal aufwärts fahren. Während ich überlege wie weit es noch bis Hay-On-Wye, dem nächsten Städt-

Feuchtfröhlich: Bachquerung in den Camrian Mountains

Wunderschön: das frische Grün des Frühsommers

Selbstbedienung: Hardbacks 50 pence, Paperbacks 30 pence

chen mit Übernachtungsmöglichkeit ist, entdecken wir einen Wegweiser zur »Llanthony Priory«, der auch »Accomodation« verspricht. Nach kurzer Beratung folgen wir ihm. wieder mal einer dieser zufälligen Glücksgriffe.

Düster und bedrohlich liegt die Ruine in der Abenddämmerung. Der Wind treibt dunkle Wolkenfetzen über den Bergrücken. Grau liegen die kahlen Hänge des Hochtals im Zwielicht. Als wir den satten Rasen zwischen den Ruinen betreten, macht sich eine unheimliche Stimmung breit. Wie drohende Zeigefinger ragen die Eckpfeiler des Presbyteriums, oder was von ihnen übrig geblieben ist, gen Himmel. Das einzig Heimelige an diesem Ort und zu dieser Stunde ist das warme Licht, das aus den Fenstern des, zum Hotel ausgebauten Wirtschaftsgebäudes, scheint. Wir haben Glück und sind die einzigen Gäste an diesem Abend. Als uns Mick, der junge Bursche der sich hier als Barkeeper sein Studium verdient, in unser Zimmer führt, wirds bereits schwierig. Unser Zimmer liegt nämlich im Turm und zwar ganz oben. Mit den Koffern und den sperrigen Gepäckrollen schwer beladen, winden wir uns die 62 (!) Stufen ins Turmzimmer hinauf. Der Zugang ist nur über zwei enge, steile

Wendeltreppen des normannischen Turmes, eine linksdrehend, eine rechtsdrehend, möglich. Oben erwartet uns ein weißgekalkter, hoher Raum mit zwei mittelalterlichen Baldachinbetten und dicken Teppichen auf dem kalten Steinboden. In einer Ecke steht ein alter Waschtisch mit Porzellanschüssel und einer Kanne Wasser. Die »Facilities«, wie man hierzulande Bad und Toilette nennt, befinden sich zwei Stockwerke und 40 Stufen unter uns, dort wo die gewendelte Treppe zum Schutz des Gleichgewichtssinnes ihrer Benutzer eine Drehrichtungsänderung vornimmt. Zu unserer großen Erleichterung entdecken wir unter jedem Bett einen blechernen Nachttopf. Wir müssen also nicht alle Geschäfte unten erledigen.

Llanthony Priory scheint der Prototyp-Ort einer englischen Kriminal- und Gruselstory zu sein. Als wir in der Bar, einem Gewölbekeller des einstigen

Anders: Friedhof bei Kington

Arthur's Stone: Hat nichts mit König Artus zu tun

Wirtschaftshauses, unser Abendessen in Form eines sehr deftigen Lamm-Eintopfes zu uns nehmen, erzählt uns Mick die Geschichte der Abtei. Im späten 12. Jahrhundert wurde sie an der Stelle einer früheren Kirche von Augustinermönchen erbaut. Im Laufe der Jahrhunderte erlebte sie ein Wechselbad an Besitzern und Besetzern, was ihren Zerfall nicht verhindern konnte. Einzig erhalten, gepflegt und regelmäßig umgebaut wurde der normannische Turm an der Westseite der Kirche mitsamt dem angrenzenden Wirtschaftshaus. Ob es in dem Gemäuer spuke, will ich von Mick wissen. »Not to my knowledge«, entgegnet er. Nur einmal hätte ein Gast beim Frühstück behauptet, nachts beim Gang zu den Facilities, einer bleichen, mittelalterlich gewandeten Frau mit einem Stapel Leintücher auf dem Arm begegnet zu sein. Sie hätte keinerlei Notiz von ihm genommen und sei ebenso plötzlich auf der Wendeltreppe verschwunden wie sie aufgetaucht war. Als wir wenig später, noch ganz unter dem Eindruck der Gruselgeschichte stehend, in der hellen Mondnacht ein paar Schritte ums Haus machen, wird uns ganz unheimlich zumute. Ständig erwarten wir das Auftauchen des schwarzen Mönches. Entfernt dringt fröhliches Stimmengewirr aus dem Gewölbekeller der Bar, die sich mittlerweile mit ein paar Abendgästen gefüllt hat. Es ist eine geheimnisvolle, unwirkliche Stimmung.

Am nächsten Morgen ist der ganze Spuk verflogen und fast idyllisch liegt die Ruine im blassen Licht der verschleierten Sonne. Kein Geist oder irgendeine andere Erscheinung hat uns nächtens heimgesucht. Trotzdem bleibt ein starker Eindruck von diesem Ort, als wir das Hochtal hinaufrollen.

Hay-On-Wye wäre wohl ein ganz normales, unbedeutendes walisisches Städtchen, wäre da nicht diese eine Sache, die es zu einem ganz besonderen Ort macht. Hay-On-Wye ist nämlich dank seines King Richard das Mekka der Bibliophilen – das größte Antiquariat der Welt. Richard Booth, der König von Haye, wie er sich selbst nennt, schuf diesen gigantischen Buchladen mit etwas Dorf drumherum. Im Kino, beim Metzger, beim Frisör und im Supermarkt kann man Bücher kaufen. Oder vielmehr: Der Metzger verkauft auch ab und zu etwas Fleisch und Wurst und der Friseur schneidet auch schon mal Haare, wenn es denn unbedingt sein muß. Das Schloß des Dorfes steht so gestopft voll mit Büchern, daß der König die Regale mit den billigen Ausgaben auf den Schloßhof stellen mußte. Dort wirft man für ein Paperback 30 und für ein Hardback 50 Pence in eine Kasse, und entnimmt das gewünschte Buch dem Regal. Richard Booth ist eine schillernde, wahrscheinlich auch spleenige Figur, die mit ein

Aufwendig: Staudamm des Craig-Goch-Reservoirs

In the middle of nowhere: Telefonzelle im Moor

paar verrückten Ideen ein Dorf vor der Bedeutungslosigkeit bewahrt hat. Bereits 1977 hat er den Ort zum unabhängigen Königreich ausgerufen und ist aus der EU ausgetreten, noch bevor man sich in Nr. 10 Downing Street überhaupt zum Eintritt entschloß. Er kauft schiffsladungsweise gebrauchte Bücher um für Hay-On-Wye den Nimbus des Bücher-Mekkas aufrecht zu erhalten. 25 Kilometer Buchregale sollen mittlerweile hier herumstehen. Es macht ungemeinen Spaß in den alten Wälzern rumzuschmökern, aber nach zwei Stunden kitzelt uns der Staub der Jahrhunderte mächtig in den Nasen. Frischer Fahrtwind hilft hiergegen.

Flußaufwärts folgen wir ein Stück dem River Wye und fahren dann im Zickzack auf kleinen weißen Sträßchen nach Südwesten, bis wir in Sarnau die B 4520 treffen. Es ist eine schöne, hügelige Gegend, die von lichten Baumgruppen bestanden ist. Fern im Südwesten schieben sich die Bergketten des Brecon Beacons Nationalparks wie Kulissen in die Szenerie. Kette um Kette immer mehr im Dunst des Nachmittags verschwimmend.

Zwischen Beulah und Tregaron schmiegt sich ein schmales, einsames Sträßchen in eine hügelige und dünn besiedelte Landschaft. Außer ein paar abgelegenen Gehöften ist hier von menschlicher Ansiedlung nicht viel zu sehen. Die keltischen Namen der Bergkuppen, die uns umgeben, erinnern mich irgendwie immer an Tolkiens Saga vom Herrn der Ringe. Da gibt es den Carcwm, den Cefn Crug, den Cefn Cwnc, den Drum Dhu und die Gegend die alles umgibt, nennt sich Esgair Cerig. Tolkien muß von der keltischen Mythologie inspiriert gewesen sein.

Derart sinnierend erreichen wir das Städtchen Tregaron. Es beeindruckt uns durch seine ausgeprägte Ereignislosigkeit. Ein verlassener Dorfplatz, ein paar Häuser, eine Tankstelle, ein Café (geschlossen) und drei Pubs. That's it. Weil es aber schon spät ist und wir müde sind, betten wir unsere Häupter in einem der Pubs zur Ruhe und treten am nächsten Morgen ausgeschlafen die Weiterreise an.

Der Tag ist jung, als wir im Tal des Afon Teifi auf der B 4343 nordwärts fahren. Büsche und Bäume werfen noch lange Schatten und im Gras der Wiesen glitzert der Morgentau. Es ist die reine Freude in dieser frischen Morgenstunde durch das einsame Tal zu fahren. Knorrige Eichen, deren junge Triebe golden im Sonnenlicht glänzen, umsäumen den schmalen Fahrweg und aus den regengesättigten Moorwiesen fließen kleine Bächlein zu Tal. Irgendwo steht – wie es sich für eine Großbritannien-Tour gehört – eine knallrote Telefonzelle in der Einsamkeit.

Hinter den letzten Gehöften mit ihren fliehenden Schafen beginnt im Afon Elan die pure Einsamkeit. Es ist ein tristes Hochtal von jener herben Melancholie, die auch in Schottland anzutreffen ist. Ein Vorgeschmack auf die High-lands. Am Ende des Tals erstrecken sich die Stauseen von Craig-Goch und Pen-y-Garreg mit ihren architektonisch imposanten Staumauern. Kurvig und durch dichten Wald schlängelt sich die Straße die enge Schlucht hinunter, bevor uns in Rhayader die Zivilisation wieder fest in ihre Arme schließt.

Es ist ein motorradtechnisches Kontrastprogramm, denn nach der einsamen, schmalen Single-Track-Road der Berge fahren wir nun auf der gut ausgebauten aber dennoch kurvenreichen A 44 nach Osten. Wenig Verkehr, ein griffiger Belag und einsehbare Kurven sorgen für das reine Fahrvergnügen. Dementsprechend flott kommen wir voran und als wir in Kington auf die A 4111 einbiegen haben wir nicht bemerkt, daß wir Englands unsichtbare Grenze bereits wieder überschritten haben.

Das Golden Valley ist ein behagliches, breites Flußtal das den River Dore gemütlich nach Süden geleitet. In sanften Windungen fließt er durch bunte Blumenwiesen, um bei Pontrilas in den ebenso gemütlichen River Monnow zu münden. Den kennen wir schon, denn das ist der, der dem Bezirkshauptstädtchen Monmouth Mündung des Monnow – seinen Namen gegeben hat. Als wir hier ankommen hat sich der Kreis unserer »Berge und Abteien« – Tour geschlossen. Was bleibt ist die schöne, gewundene Strecke des Wye-Tales, hinunter zu unserem Ausgangsort Chepstow. Auch wenn uns »King Richard of Hay« nicht empfangen hat und der schwarze Abt uns nicht begegnet ist – es war eine traumhafte Tour.

INFO WELSH MARCHES

Gefahrene Strecke einschließlich Abstecher: etwa 500 Kilometer

Karte:

Offizielle Karte der AA Automobile Association, 1 : 200 000, Wales, Blatt 3, Kümmerly+Frey, 17,80 Mark

Um den Beacon Nationalpark bzw. die Black Mountains auf wunderschönen Nebenstrecken zu entdecken sind die Blätter 12 und 13 der Outdoor Leisure, Ordnance Survey Southampton,

Great Britain, für jeweils 16,80 Mark ein idealer Reisebegleiter.

Route:

Chepstow (A 466) – St. Arvans – Tintern – Monmouth (B 4293) – Rockfield (A 4233) – Abergavenny (A 465) – Llanvihangel Crucorny – Stanton – Llanthony – Hay-on-Wye (B 4350) – Glasbury – Llyswen (A 470) – Felin-Newydd – Ponde – Garthbrengy – Llandefaelog Fach (B 4520) – Lower Chapel – Upper Chapel – B 4519 – Garth – Beulah – Abergwesyn – Tregaron (B4343) – Pontrhydfendigaid – Pontrhydgroes – Cwmystwyth – Blaenycwm – Hirnant – B 4518 – Rhayader (A 44) – Crossgates – Penybont – New Radnor – Walton – Kington (A 4111) – Eardisley – A 4112 – A 438 – Letton – Bredwardine – Arthur's Stone – B 4348 (Golden Valley) – Vowchurch – B 4347 – Abbey Dore – Pontrilas – Kentchurch – Grosmount – Norton – Crossway – Newcastle – Monmouth (A 466) – Chepstow

Übernachten:

Vorwahl Großbritannien 0044

●● Beacons Guest House, Brecon, 16 Bridge Street, Powys, LD3 8AH, Telefon/Fax: 01874/623339.
Freundliche, gemütliche Zimmer zu einem fairen Preis. Das größte ist mit einem Himmelbett und Kamin ausgestattet. Besonders erwähnenswert ist das enorme Frühstück.

●● Gear Farm, Cwmyoy, Abergavenny, NP7 7NE, Telefon: 01873/890345.
Hoch über den Black Mountains liegt der Bauernhof mit ausgezeichneter Aussicht. Die drei En-Suite-Zimmer sind in der renovierten Scheune untergebracht. Wunderbares Frühstück.

●●● Abbey Hotel, Llanthony, Abergavenny, Gwent, NP7 7NN, Telefon: 01873/890487.
Absoluter Geheimtip für eine Übernachtung der besonderen Art. Die Zimmer des kleinen, aber erlesenen Hotels liegen in den gut erhaltenen normannischen Westtürmen der ehemaligen Klosterkirche. Die fünf wunderschönen Gemächer mit stilechter Einrichtung sind nur über eine enge und steile Wendeltreppe zu erreichen. Zum Essen geht es dann in die Gewölbe in eine normannischen Schankstube. Am späten Abend und nach ein paar Guinness stehen

die Chancen gut für eine Begegnung mit dem Schwarzen Abt.

●●● Old Black Lion Inn,
Hay-on-Wye, 26 Lion Street,
Hereford HR3 5AD,
Telefon: 01497/820841.
Herrlicher Pub aus dem 13. Jahrhundert, der sich den rauhen Charme über die Jahre erhalten hat. Hier trifft sich alles, was in der Stadt der Bücher Rang und Namen hat. Selbst King Richard wurde hier schon gesehen.

●●● Wye Valley
Hotel & Restaurant, Tintern,
Monmouthshire NP6 6SQ,
Telefon: 01291/689441,
Fax: 01291/689440.
Ganz in der Nähe des wunderschönen Flusses Wye, inmitten einer beeindruckenden Landschaft gelegen. An den Wochenenden gibt es ein reichhaltiges Bratenbuffet.

●●● Woodlea Hotel,
Seymonds Yat West,
Herefordshire HR9 6BL,
Telefon/Fax: 01600/890206.
Mitten in der Natur, umringt von Bäumen, findet man dieses traumhaft gelegene viktorianische Landhaushotel mit gemütlicher Bar, in der auch gute Weine ausgeschenkt werden.

●●● Granary & Coach House,
Upper Cwm Farm, Brynderi,
Llantilio Crossenny,
Abergavenny NP7 8GT,
Telefon: 01873/821236.
Leider nur für ganze Wochen ist diese wunderschön umgebaute Scheune auf einem Schafzuchthof zu bekommen. Doch es lohnt sich. Hier einquartiert, lassen sich sowohl die Black Mountains als auch der Brecon Nationalpark hervorragend erkunden.

●●●● The George,
Chepstow, Moor Street,
Chepstow NP6 5DB,
Telefon: 01291/625363,
Fax: 01291/627418.
Direkt neben den mittelalterlichen Stadtmauern gelegene historische Gastwirtschaft mit Restaurant, Bar und gutem Bierangebot.

Sehenswert:

Chepstow
Das Tor zu Wales. Römische Soldaten und normannische Krieger haben hier ihre Spuren hinterlassen. Hoch über dem Wye steht auf einem Felsen die erste aus Stein gebaute normannische Festung von Wales. Besonders sehenswert ist auch die schmiedeeiserne Brücke über den Wye.

Tintern Abbey
Gewaltige, beeindruckende Klosterruine am Wye, die längst von der Natur zurückerobert wurde. Die Außenmauern der Kirche sind nahezu vollständig erhalten, die Umrisse des Zisterzienserklosters, das bereits im frühen 12. Jahrhundert gegründet wurde, sind nur noch anhand der Mauerreste ersichtlich.

Monnow Bridge
Das kleine Marktstädtchen Monmouth zählt zu den schönsten Orten in Wales. Über 700 Jahre war es die Hauptstadt von Monmouthshire. Hier steht die in ihrer Form in Großbritannien einzig erhaltene Monnow Bridge mit dem überdachten, runden Brückenhaus.

Llanthony Priory
Schon die Straße, die von der A 465 bei Llanvihangel abzweigt, läßt erahnen, in welch wunderbares Tal der Black Mountains der Weg führt. Im Vale of Honddu treffen wir auf die Überreste der zweiten Ruinen-Attraktion von Wales, Llanthony Priory.

Hay-on-Wye
Der wohl größte Buchladen der Welt. Kilometerlang ziehen sich die Bücherregale und Antiquariate durch den Ort, der am 1. April 1977 von King Richard zum unabhängigen Königreich erklärt wurde.

Brecon Beacons National Park
Im Jahre 1957 als der letzte der 10 Nationalparks in England und Wales gegründet. Wunderschöne verträumte Bäche durchziehen den 1,3 km² großen Park. Bizarre Formen und Farben wurden von der Natur geschaffen. Im Osten wird der Nationalpark von den Black Mountains begrenzt.

Adressen:

Brecon Beacons National Park
Brecon: 7 Glamorgan Street,
Brecon, Powys, LD3 7DP,
Telefon: 01874/624437

Tourist Information Centre
Hay-on-Wye: The Car Park,
Hay-on-Wye, Hereford,
HR3 5AE,
Telefon: 01497/820144 (nur während der Saison geöffnet)

Tourism South and West Wales
Pembroke House, Charter Court, Phoenix Way, Enterprise Park, Swansea SA7 9DB,
Telefon: 01792/781212,
Fax: 01792/781300

ZWISCHEN ZWEI JAHRESZEITEN

Zwei Wochen im Jahr, während der legendären Tourist Trophy, fallen Biker aus ganz Europa wie die Heuschrecken auf der kleinen Insel ein. Die restliche Zeit des Jahres ist die Isle of Man ein eher beschauliches Reiseziel.

Sonnenaufgang Isle of Man: Morgenstund hat Gold im Mund

ISLE OF MAN

Unser Isle Of Man-Abenteuer beginnt, als wir an jenem strahlenden Sommernachmittag die Docks der Steam Packet Company in Heysham erreichen. Heute sieht alles – zwar immer noch sehr provisorisch – aber viel übersichtlicher und entspannter aus als noch vor wenigen Wochen. Hunderte von Bikern jeglicher Couleur standen damals in drei riesigen Standby Lanes. Sie wollten zur Tourist Trophy auf die Insel. Ohne Mühe fahren heute wir durch den Checkin und man weißt uns sofort auf die King Orry. Doch wir müssen uns noch etwas gedulden, bevor wir in den dunklen und abgasschwangeren Bauch des Dampfers einfahren können. Mühsam werden zuerst noch die grossen Auflieger der Lkws von kleinen, wendigen Zugmaschinen rückwärts in das anachronistische Schiff rangiert. Mit nur zehnminütiger Verspätung gleitet der alte Dampfer hinaus in die spiegelglatte Irische See.

Wir wollen hinüber auf die Insel, um die andere, die stille Isle Of Man kennenzulernen – außerhalb des gigantischen und aufregenden TT-Spektakels.

Drei Stunden später taucht im milden Schein der Abendsonne

Mediteran: Scarlett Point

die weite Bucht von Douglas mit dem imposanten Halbrund der Shorefront, der Häuserpromenade am Meer auf, und wenig später rollen wir auch schon die blecherne Rampe den Pier hinauf. Durch die zwei Kreisel hindurch und vorbei an Bushy's Brew Pub, der Szene-Kneipe der TT, sind wir auch schon auf besagter Shorefront. Vor den nett hergerichteten Häusern sitzen die Menschen auf Bänkchen und halten einen gemütlichen chat, ein Schwätzchen ab. In der ganzen Straße herrscht eine gelassene Feierabendstimmung. Ganz anders als in den Tagen der Tourist Trophy, wo hier der Bär tanzt und keiner während der ganzen Nacht auch nur ein Auge zutut. Beim Gedanken an die TT beschließen wir, noch kurz am Bray Hill, dem Startplatz dieses Klassikers unter den Motorradrennen vorbeizuschauen. Makabererweise liegt dieser genau gegenüber von Douglas Borrow Cemetary and Crematorium, dem Friedhof der Stadt. Jetzt, an diesem ruhigen Freitagabend, liegt die Tribüne verwaist in der Dämmerung und kaum ein Fahrzeug bewegt sich die Gefällstrecke der Startgeraden hinunter.

In Bushy's Brew Pub beschließen wir den Abend mit einem guten Pint of Guiness. Die Leute

Monumental: Grabmal aus Marmor

um uns herum sind angesichts des bevorstehenden Wochenendes in bester Bierlaune und so spielt sich eine richtig gute, kleine Party auf dem Platz vor dem Pub ab. Es ist ein seltsames Fleckchen Erde, diese Isle of Man. Zwei Wochen im Jahr das Epizentrum der zweirädrigen Welt und fünfzig Wochen im Jahr eine, von der Welt vergessene Erhebung in der Irischen See. Fünfzig Kilometer lang und zweiundzwanzig breit. Vor zweieinhalb Jahrtausenden von Kelten besiedelt, danach von Römern miß-

Tut Not: Abkühlung

achtet, von Wikingern erobert, von Iren christianisiert und schließlich für schlappe fünfundsiebzigtausend Pfund von Engländern gekauft. Das war im 18. Jahrhundert. Damals war die Man eine begehrte Zwischenstation für Schmuggler zwischen Frankreich und Irland. Dem britischen Empire entstand in diesen Zeiten durch den Schmuggel ein Schaden von 100 000 Pfund pro Jahr. A piece of cake also für die Engländer. Trotz wechselnder Herren haben sich die Manx bis heute ihre weitgehende Unabhängigkeit bewahrt. Obwohl zum Vereinigten Königreich gehörend, hat die Man ihre eigene Regierung, ihr eigenes Parlament, ihre eigenen Gesetze und ihr eigenes Geld. Es gibt viele Dinge die es nur hier gibt. Nicht nur die TT. Auch die Katzen ohne Schwanz oder das seltsame Wetter. Es ist durchaus möglich daß es an der Ostküste in Strömen gießt, in den Bergen Nebel hat, und an der Westküste der Himmel lacht als ob er kein Wässerchen trüben könnte. Das ist die Man.

Am nächsten Morgen sitzen wir um sechs Uhr auf den Bikes, denn wir wollen den Kurs der TT in aller Ruhe und ohne viel Verkehr einmal abfahren. Die abfallende Startgerade des Bray Hill hinunter und dann rechts in den Kreisel an der Quarter Bridge, daß es kratzt. An der Braddan Bridge erwartet uns die spektakuläre Links-Rechts-Kombination bevor es dann mehr oder weniger gerade über Union Mills aus Douglas hinausgeht. Es ist die reine Freude zu dieser frühen Morgenstunde auf der gut ausgebauten, aber niemals langweiligen A 1 dahinzugleiten. Gegenüber den TT-Cracks haben wir den Vorteil, die Landschaft in aller Ruhe genießen zu können. Wir fahren an kleinen, weiß getünchten Cottages vorbei, in deren üppig bepflanzten Vorgärten große Hortensienbüsche stehen. Ihre kugelrunden Blütenbälle leuchten schon von Weitem in allen Blau-, Violett- und Rottönen. In Ballacraine knickt der TT-Kurs nach Norden ab und hier fängt der Spaß erst so richtig an. Kurvig geht es durch das dicht bewaldete und schattige Tal des River Neb. Der Belag der Straße ist ausgezeichnet und so ist es eine wahre Freude, sich durch die Kurven tragen zu lassen. Die kleine Diversion läuft prima. In den unteren Drehzahlen schnurrt der Vierzylinder wie ein Nähmaschinchen, aber ab 6500 Umdrehungen beginnt er zu brüllen und bringt mit steigender Drehzahl nochmal ordentlich Kraft auf die Straße. Wir erreichen Ballaugh. Jeder, der auch nur Fotos von der TT gesehen hat, kennt diesen Ort. Hier ist nämlich diese gefährliche Bodenwelle, die fast alle Fahrer mitsamt ihren Maschinen in einen kurzen Gleitflug versetzt. Von diesem Platz aus die Rennen zu beobachten, verschafft einen ganz besonderen Kick. Noch jetzt kriege ich eine Gänsehaut bei dem Gedanken daran. Selbst wer sich nicht für anfällig hält, wird hier vom Rennfieber gepackt. Man hört die Boliden ankommen, noch bevor man sie sieht. Urplötzlich schießen sie dann über die Kuppe, stehen für den Bruchteil einer Sekunde in der Luft und beschleunigen danach deutlich hörbar im zweiten Gang aus dem Dorf hinaus. Das alles geht blitzschnell. Es ist wahrhaft beeindruckend.

Hier im flachen Westen der Insel herrscht an diesem strahlenden Morgen dasselbe helle, fast mediterrane Licht, das uns auch schon in Englands Südwesten

Roadblocker: Schafe auf dem Heimweg

begegnet ist. Es ist wohl der Golfstrom, der die Westküsten der Britischen Inseln liebkost und für dieses milde Klima mit seinem warmen Licht sorgt. In den weitläufigen Gärten der luxuriösen Villen zwischen Sulby und Ramsey stehen große Stechpalmen. Kaum zu glauben daß sich diese Insel im Nordatlantik befindet.

Mit Ramsey verlassen wir die milde Ebene und es geht hinauf in die rauhe Bergwelt um den Snaefell Mountain, den höchsten Berg der Man. Kurvenreich windet sich der Kurs den bewaldeten Hang hinauf. Durch Gooseneck, eine spektakuläre Haarnadelkurve erreichen wir die langsam ansteigende Hochebene. Das ist die Gegend der langen Geraden, auf denen Carl Fogarty, Phillip McCallen, Joey Dunlop und wie sie alle heißen, mit Höchstgeschwindigkeit durchbrettern. Die Markierungen der Strecke haben klangvolle Namen: da gibts die Mountain Box, The Verandah, Bungalow Bridge und Windy Corner. Von Kate's Cott fällt der Kurs in einer langen Geraden ab. Dann, zurückschalten in den zweiten Gang, durch die Kurve am Creg-ny-Baa-Inn und eine lange Gerade hinunter nach Douglas. Als wir den Bray Hill wieder erreichen waren wir in aller Gemütlichkeit eine Stunde unterwegs. Carl Fogarty fuhr die Strecke 1992 in etwas mehr als 18 Minuten. Das ist mit einer Durchschnittsgeschwindigkeit von 123,61 mph oder 198,93 km/h bis heute gültiger Rundenrekord. Die Welt der Tourist Trophy.

Doch die Isle of Man besteht nicht nur aus der TT. Ganz im Ge-

genteil. Es ist ein Kleinod das landschaftlich die gesamte Bandbreite der britischen Inseln birgt. Das erfahren wir im wahrsten Sinne des Wortes, als wir nach einem kräftigen full english breakfast wieder auf den Motorrädern sitzen, um den südlichen Teil der Insel zu erkunden. Obwohl die Insel nicht groß ist – 50 Kilometer lang und 22 Kilometer breit – gibt es eine Unmenge an schönen und kleinen Sträßchen zu entdecken. Da ist zunächst mal der Marine Drive, die Küstenstraße südlich von Douglas. Vorbei an Douglas Head, dem Leuchtturm der Stadt, folgt sie in weiten Kuven dem Verlauf der Küstenlinie, immer auf Klippenhöhe. Es ist ein Fest der Farben. Das blühende Heidekraut hüllt die Klippen

Verdiente Pause: Mittagsrast im Wald von Baldwin

Douglas Head: Gut sichtbarer Wegweiser

ganz in lila und der wilde Ginster setzt leuchtend gelbe Kleckse hinein. Unten schimmert das Meer türkis. Nach einer kurzen Pause am Kai von Port Soderick, gehts ein Stück landeinwärts weiter nach Castletown. Etwas uneben, aber kurvig und mit griffigem Belag versehen, führt uns die A 5 durch eine Landschaft aus Wiesen, Weiden und Kornfeldern. Hoch und goldgelb steht der Weizen. Noch bevor wir Castletown erreichen, riechen wir bereits wieder die Nähe der See. Es ist dieser typische, fischige und etwas beißende Geruch des Tidengewässers.

Die Isle of Man ist eine blühende Insel. Die Menschen hier scheinen ein grünes Händchen zu haben. Alle Vorgärten der kleinen, eng aneinanderstehenden Cottages sind dicht bepflanzt. Hecken von feuerrot blühenden Fuchsien säumen die Straße.

Zum zweiten Mal an diesem Tag verlassen wir bei Port Erin die Milde der Westküste, um in die nebligen Höhen der Berge aufzusteigen. Rund um den 483 Meter hohen South Barrule ist die Gegend karg und kühl. Hochmoor. Welch ein Kontrast zur sonnenbeschienenen Küste. Auf der Insel sind die Entfernungen nicht groß und so hat sich kurze Zeit später unser Südkreis in Douglas wieder geschlossen.

Doch wir haben noch nicht genug von der Man. Also machen wir uns auf die Socken nach Ballamillaghyn, nordwestlich von Douglas. Von hier aus steigt das Land stetig an. Kurz hinter Baldwin befinden wir uns in einem Glen, einem engen und bewaldeten Flußtal. Außer uns ist auf dem abgelegenen Sträßchen keiner unterwegs. Verwunschene Winkel tauchen beiderseits der Straße auf. An einem machen wir Halt. Es ist ein sonnenbeschienenes Stückchen Waldwiese, eingerahmt von alten Eichen und versteckt hinter mannshohen Farnwedeln. Dazwischen stürzt sich ein Bach von einem Felsen sechs Meter in die Tiefe, um unten eine stille Gumpe zu bilden. Es ist ein Ort vollkommener Ruhe. Kaum zu glauben daß wir uns nur wenige Kilometer Luftlinie von Douglas entfernt befinden.

Kreuz und quer durchstreifen wir das Bergland, auf schmalen, holprigen Single Track Roads und auf breiten, gut ausgebauten Straßen. Immer mal wieder treffen wir auf den Kurs der TT. Die Insel wird uns immer vertrauter.

Es ist bereits dunkel, als wir nach einem großen Schlenker durch den Norden und den Osten der Man in Douglas eintreffen. Wieder mal ist Bushy's Brew Pub ein guter Platz, um den Tag ausklingen zu lassen. Alles scheint irgendwie easy and relaxed zu sein, in dieser lauen Sommernacht. Der Wirt des Pubs erzählt uns wie es hier während der TT zugeht. Daß dann die Massen die Straße bevölkern und er seinen Schanktisch ins Freie verlegen muß, um dem Ansturm der Durstigen Herr zu werden. 60 Prozent der Besucher seien Deutsche, sagt er und alle seien, fügt er schmunzelnd hinzu, totally crazy. Wobei er auf die schwarzen Kreise auf der Straße deutet. Die stammen von den burnouts

Perspektiven: geradewegs zum Snaefell Mountain

Farbenfroh: Heide bei Port Erin

und donuts der Verrückten, die die Hinterreifen ihrer Maschinen solange im Stand durchdrehen lassen, bis der Reifen in Fetzen von der Felge hängt. Reifenhändler in Douglas ist ein lohnenswerter Berufszweig – zumindest zwei Wochen im Jahr.

Fast wehmütig rollen wir am nächsten Morgen in aller Herrgottsfrühe in den Bauch der Seacat, die uns zurück nach Liverpool bringt. Nur ungern verlassen wir dieses schöne Fleckchen Erde mit seinen beiden, so unterschiedlichen Gesichtern und seinem so wechselhaften Wetter. Mich trösten die Worte, die auf dem bunten Transparent vor Bushy's stehen: See you next year. So Gott und die Steam Packet Company es wollen.

Ach ja, eine Geschichte gibt es noch nachzutragen. Sie handelt von englischen Türklinken, En Suite Accomodation und zwei deutschen Motorradfahrern und geht so: Es waren einmal zwei deutsche Motorrad-Touristen, die sich in einem B&B in Douglas eingemietet hatten. Ihr Zimmer war groß, besaß mehrere Betten, war aber keine En Suite Accomodation, hatte also weder Bad noch Klo im Zimmer. Und so geschah es, daß der eine in der Nacht (Resultat intensiver Pub-Besuche!) einen starken Drang verspürte und das Zimmer verließ, um sich zu erleichtern. Dummerweise war er nicht mit der Schließmechanik englischer Türklinken vertraut. Nach seiner Rückkehr war er somit nicht mehr in der Lage in sein Zimmer zu gelangen. Die Versuche, durch ständiges, lautes Klopfen an der Türe, den im Zimmer tief und fest schlafenden Kollegen (Resultat intensiver Pub-Besuche!) zu wecken, hatten lediglich den Erfolg, daß alle Bewohner der umliegenden Zimmer wach wurden. Um einem allgemeinen Aufstand der Bewohner zu entgehen, stellte unser Motorradfahrer die Klopferei ein und beschloß die Sache auszusitzen. Eine ältere Lady, die auch ein natürliches Bedürfnis auf den Gang trieb, wäre fast zu Tode erschrocken, angesichts des, auf dem Boden kauernden, fast nackten Mannes. Von ihr befragt, ob etwas nicht in Ordnung sei, wollte unser Freund die Sache klären, fand aber dann, daß die Geschichte viel zu kompliziert und sein Englisch viel zu lückenhaft sei, um den Vorgang zu erklären und antwortete: No, thanks Madam, everything is just fine. Und so saß er da in seinen Unterhosen und hoffte darauf, daß der Kollege ja vielleicht auch mal müsse. Was dann tatsächlich kaum zwei Stunden später auch geschah. Verdutzt der eine und verärgert der andere, standen sich unsere beiden Helden auf dem nächtlichen Flur des Etablissements gegenüber und beschlossen fortan nur noch en suite zu nächtigen.

Veteranenfans: Benzingespräch in Ballaugh

Gefahrene Strecke einschließlich Abstecher: etwa 400 Kilometer

Karte:

Offizielle Karte der AA Automobile Association, 1 : 200000, Nord-England, Blatt 5, Kümmerly+Frey, 17,80 Mark.

Ideale Kartengrundlage für eine Routenplanung auf Nebenstrecken der Isle of Man ist das Blatt 95 der Landranger Serie im Maßstab 1 : 50 000, Ordnance Survey Southampton, Great Britain, für 16,80 Mark.

Route:

Tourist Trophy Course:
Douglas Start/Ziel – Bray Hill – Quarter Bridge (A 1) – Braddan Bridge – Union Mills – Crosby – Ballacraine (A 3) – Cronk-y-Voddy – Barregarrow – Kirk Michael – Ballaugh – Sulby – Churchtown – Ramsey (A 18) – May Hill – Albert Tower – Waterworks – Gooseneck – Bungalow – Windy Corner – Kate's Cottage – Creg-ny-Baa – Hillberry – Douglas – Signpost Corner – Governors Bridge – Start/Ziel

Douglas – Douglas Head – Port Wallberry – Douglas Head – Douglas (A 6) – Ellenbrook (A 25) – Oakhill (A 37) – Keristal – Port Soderick – Ballaveare (A 25) – Ballaquaggan (A 5) – Ballasalla – Castletown – Scarlett Point – Castletown – Ballakaighen – Rhenwyllan (A 31) – Port St. Mary – Cregneash – Calf & Sound –

Standby: Gelassen ist, wer in der ersten Reihe steht

Cregneash – Mull Hill – Ballnahowe – Port Erin (A 29) – Ballagawne – Colby – B 44 – Ballakilpheric – Lingague – A 36 – A 3 – Foxdale – A 4 – Eairy – Millenium Way (B 35) – Crosby – Douglas

Douglas (A 1) – Union Mills – Crosby (A 23) – Ballamillaghyn (B 22) – Baldwin – Colden Plantation – Injebreck Hill – via Single Road – Ravensdale – Ballaugh (A 3) – Sulby (A 14) – Tholt-e-Will – Bungalow – via TT-Course – Douglas

Douglas (A 23) – Ballamillaghyn (B 22) – Baldwin – Colden Plantation – Injebreck Hill – B 10 – Brandywell (A 18) – Bungalow (A 14) – Tholt-e-Will – Sulby (A 3) – Ballaugh (A 10)

– The Cronk (A 13) – Sandygate – St. Judes – Ramsey (A 2) – Ballure – Glen Mona – Laxey – Ballacannell (B 12) – Social Cottage – Creg-ny-Baa – Hillberry – Douglas

Übernachten:

Vorwahl Großbritannien 0044

●● Melrose Guest House, Douglas, 18 Christian Road, Douglas IM2 2QN, Telefon: 01624/675271. Gleich hinter der Promenade liegt das komfortable Gästehaus. Von John und Carmel wird jeder neue und alte Gast herzlichst begrüßt. Vor dem Haus kann man herrlich auf der kleinen Terrasse ein Guinness genießen.

●●● Hotel Stoneleigh, Douglas, 20 Lock Promenade, Douglas IM1 2LX, Telefon: 01624/626125. Direkt an der Seepromenade liegt das kleine Hotel. Schon der Eingang ist wunderschön mit leuchtenden Blumen geschmückt. Im Keller gibt es einen Billiardtisch und eine kleine Bar für den Gute-Nacht-Drink. Dusche und WC gibt es leider nur auf der Etage.

●●● Cherry Orchard Hotel, Port Erin, Bridson Street, Port Erin IM9 6AN, Telefon: 01624/833811, Fax: 01624/833583. Modernes Hotel mit gut ausgestatteten Zimmern. Erwähnenswert ist die ausgezeichnete Bar und das empfehlenswert gute Restaurant.

●●●● Silvercraigs, Douglas, Queens Promenade, Douglas IM2 4NF, Telefon/Fax: 01624/674903. Manx-typisches Hotel direkt an der Küste gelegen mit komfortablen, gut ausgestatteten Zimmern. Für Biker ideal ist die kleine abschließbare Garage.

●●●● Castle Mona Hotel, Douglas, Central Promenade, Douglas IM2 4LY, Telefon: 01624/624540. Das wohl bekannteste Hotel der Insel und die frühere Heimat des Dukes of Athol. Sehr komfortable Zimmer mit allen Annehmlichkeiten eines internationalen Hotels.

Sehenswert:

Manx Museum, Douglas
Zu Beginn der Führung werden in einem 20-minütigen Film die

10 000 Jahre der Manx Geschichte dargestellt. Danach geht es in das eigentliche Museum, in dem sowohl das Leben der Kelten und Wikinger, als auch die TT-Geschichte studiert werden können.

Cregneash Freilichtmuseum
Hier kann man bestaunen, wie die Häuser vor über 100 Jahren aussahen und wie die Menschen darin lebten. Das Highlight des Museums ist jedoch zweifelsfrei die Loghtan-Schafrasse. Die Böcke haben vier Hörner. Zwei gehen sozusagen normal in einem weiten Bogen nach oben. Das zweite Paar läuft eng gebogen nach unten wie bei dem uns bekannten Mufflon. Vor noch nicht allzulanger Zeit war diese Rasse auf der ganzen Insel anzutreffen. Jetzt leider nur noch hier im Freilichtmuseum.

Murray s Motor Cycle Museum, Bungalow
Hier gibt es alles zu bestaunen, was irgendwie mit Motorrad und TT zu tun hat. Von Kleinkram und Details rund um das Bike, über Equipment berühmter Fahrer, bis hin zu einer stattlichen Sammlung von Motorrädern wurde alles zusammengetragen und zu einem wunderschönen Museum arrangiert.

Lady Isabella
Lady Isabella oder Laxey Wheel ist mit einem Durchmesser von 22 Meter das größte Wasserrad der Welt. Heute ist Lady Isabella nur noch Touristenattraktion, bei der Inbetriebnahme 1854 wurde das Wasser aus dem dahinterliegenden Bergwerk abgepumpt.

Adressen:

Isle of Man Steam Packet Company
I.O.M. Steam Packet, PO Box 5
Douglas, Isle of Man IM99 1AF
Telefon: 01624/645645,
Fax: 01624/661065,
eMail: res@steam-packet.com
Wer einen Isle of Man-Aufenthalt zur TT plant, sollte sich mindestens ein Jahr vorher ein Ticket bei der Steam Packet Company reservieren, da der Ansturm auf die wenigen Plätze auf den Fähren enorm groß ist.

Tourist Information Centre
Douglas: Sea Terminal,
Douglas,
Telefon: 01624/686766,
Fax: 01624/627443

LIEBLICHE LANDSCHAFT

Unerwartet reizvoll ist ein Trip durch den National Park des Peak Districts – kaum zu glauben, daß die Abgasgeschwängerten Ballungsräume von Manchester, Leeds und Sheffield so nahe sind.

Baden verboten: Trinkwasserspeicher bei Upper Midhope

PEAK DISTRICT

Als wir den Motorway M 62 bei Milnrow auf der A 640 in Richtung Denshaw verlassen, wollen wir noch nicht so recht glauben, daß sich zwischen den Ballungsräumen von Manchester, Leeds und Sheffield ein solch landschaftliches Kleinod verbergen soll. Die Straße windet sich recht kurvenreich hinauf an den Rand eines Kessels und als wir diesen überschreiten, liegt hügelig und grün das Close Moor, als erster Vorgeschmack auf den Peak District, vor uns. Die Hügel bestehen, wie so oft in englischen Hochmooren, zu drei Vierteln ihrer Höhe

Goldig: Buchenwald im Derwent Valley

Cricket: Ein Spiel, dessen Regeln kaum ein Mitteleuropäer begreift

aus tiefgrünen Weiden und erst die Kuppen bilden das eigentliche Hochmoor, das durch seinen Heidekrautbewuchs bräunlich schimmert. Über die netten Dörfchen Delph und Dobcross gelangen wir nach Uppermill, dem eigentlichen Tor zum Peak District. In weiten Kurven windet sich die A 635 ins Saddleworth Moor hinauf. Rechts unter uns sehen wir die ersten Stauseen, die es im Peak District häufig gibt. Gerne würden wir an diesem heißen Frühsommertag zur Abkühlung kurz in einen der Stauseen hüpfen, aber das verbieten die überall aufgestellten Verbotsschilder zum Vorteil der Trinkwasserqualität.

Zwischen Wald und Wiesen schlängelt sich unser Sträßchen bei ständigem auf und ab nach Süden voran. Daß diese Strecke bei den lokalen Bikern beliebt ist und daß diese Humor besitzen, zeigt sich an einem Verkehrsschild, das wir passieren. Im Original das weiß-rote Dreieck mit der Schlangenlinie, das eine bevorstehende kurvenreiche Strecke anzeigt, wurde dieses sehr gekonnt mit Hilfe einer Spraydose modifiziert. Dem »Z« kurzerhand einen Helm und zwei Räder hinzugefügt läßt die Tafel jetzt einen stilisierten Motorradfahrer erkennen und der schriftliche Originalzusatz »For 1/4 Mile« lautet nach dem Übersprühen »For SMiles«. Wir schmunzeln immer noch, als wir ein paar Meilen später auf die A 57 treffen und zur Abwechslung

Für Wanderfreudige: Landschaft bei Castleton

Idyllisch: Pause in Uppermill

mal wieder nach rechts abbiegen. Im Zickzack mäandern wir von Nord nach Süd durch den Peak District.

Die A 57 führt uns in nordwestlicher Richtung genau auf den Snake Pass, der den Sattel zwischen den beiden höchsten Erhebungen des Peak Districts, dem 628 Meter hohen »Bleaklow Hill« und »The Peak« mit 636 Meter bildet. Doch bevor wir dort hinauffahren, machen wir noch einen kleinen Abstecher ins Derwent Valley. Zu unserer Linken steigt das Land steil bewaldet an, rechts erstrecken sich drei Stauseen, deren östliche Ufer der milde Schein der Abendsonne in ein weiches Grün taucht. Es ist angenehm zu fahren, dieses Sträßchen entlang der Seen. Das frische, hellgrüne Laub der Buchen verwandelt die schräg einfallenden Sonnenstrahlen in ein fast goldenes Licht, das, vom Wind belebt, lustig auf dem sattgrünen Waldboden tanzt. Auf dem tiefschwarzen Wasser der Moorseen gleiten Graugänse langsam ihren Schilfnestern zu. Eine vollkommene Idylle. Zurück auf der A 57 gleiten wir die kurvenreiche Strecke hinauf zum Schlangenpass. Am gleichnamigen Gasthof vorbei, erreichen wir die Passhöhe. Ein bißchen enttäuscht bin ich schon, als sich dort nicht der erwartete weite Ausblick auf die Höhen des Peak Districts im weichen Gegenlicht des Abends auftut. Noch nicht einmal ein paar Schlangen sind zu sehen. Stattdessen nur unübersichtliches Hochmoor mit seinem typischen Heidekrautbewuchs. Also halten wir auch nicht an, sondern fahren geradewegs hinunter ins Städtchen Glossop, wo wir im George Hotel eine Bleibe für eine Nacht fin-

Ländliche Idylle am Snake Pass

den. Unser Abendessen nehmen wir beim örtlichen Inder ein, dessen Kochkünste eine willkommene Abwechslung zum britischen Einheits-Mikrowellen-Pub-Menu darstellen. Als wir

Freizeitvergnügen: Paragliden am Lose Hill

sein Lokal verlassen, scheint der ganze Ort aufgewacht zu sein. Geradeso, als ob es der einzige Sommerabend des Jahres wäre, ist das halbe Städtchen an diesem Freitagabend auf den Beinen und feiert vor den unzähligen Pubs ein Sommernachtsfest. Ganz offensichtlich genießen die Leute den lauen Sommerabend – mit dem obligatorischen Bitter in der Hand. Ein bißchen feiern wir noch mit, bevor wir uns in die durchgelegenen Matratzen des George Hotels betten.

Am nächsten Morgen fahren wir bei strahlendem Sonnenschein in südlicher Richtung ins Hochmoor hinauf. Die Gegend scheint ein beliebtes Naherholungsgebiet zu sein. In Scharen kommen die Menschen an diesem Samstagmorgen in die Kühle der Berge. Zum Wandern, zum Paragliden oder einfach nur zum Flanieren in Castleton, dem Vorzeigestädtchen der Gegend. Castleton ist ein netter kleiner Ort mit niedrigen, aus grauem Granitstein gemauerten Cottages. Hoch über dem Dorf steht die Ruine des einst wohl sehr mächtigen »Peverill Castle«. Die Berge um Castleton herum sind, einer Modelleisenbahn gleich, mit einer satten grünen Grasmatte überzogen. Dank der hohen Niederschlagsmenge ist jede Furche mit Gras bewachsen, das von den allgegenwärtigen Schafen immer gleichmäßig kurz gehalten wird. Ein englisches Sprichwort sagt »The grass is always greener on the other side«. Aus der Sicht des Kontinental-Europäers stimmt dieser Satz sogar wörtlich. Tatsächlich scheint das Gras hier überall Rasen, und darüberhinaus viel grüner zu sein als auf dem Kontinent.

In östlicher Richtung verlassen wir Castleton mit seinem grünen Gras und seiner Touristenschar, um bei Ashford in the Water in Richtung Buxton abzubiegen. Die gut ausgebaute A 6 erweist sich als motorradfahrerisches Sahnestückchen. In weiten, übersichtlichen Kurven führt die Straße zunächst über eine Hochebene dahin, um dann später, nicht weniger kurvig, durch

Renovierungsbedürftig: Farmhaus am Snake Pass

ein bewaldetes Flußtal Buxton zu erreichen. Hier herrscht an diesem heißen Samstagnachmittag geschäftiges Treiben. Die Leute gehen einkaufen, trinken vor den zahlreichen Pubs ein Pint of Lager, oder sitzen einfach nur so in einem der drei schönen Parks der Stadt herum. Weekend in Buxton. Weite, gelb-blühende Rapsfelder erstrecken sich südöstlich von Buxton über das flache Land. Hier müssen die Trockenmäuerchen erfunden worden sein. Jedes Feld, jede Wiese und jeder Acker ist von einem solchen eingegrenzt. Fast scheint es, als würden die lokalen Bauern einen permanenten Wettbewerb im Errichten dieser aufwendigen Abgrenzungen zu führen. Erst kurz vor Bakewell, als sich die Straße steil und kurvig von der Hochebene in den kleinen Marktflecken hinabstürzt, verlassen uns die Steinmauern. Und wir entlang des River Wye den Peak District.

INFO PEAK DISTRICT

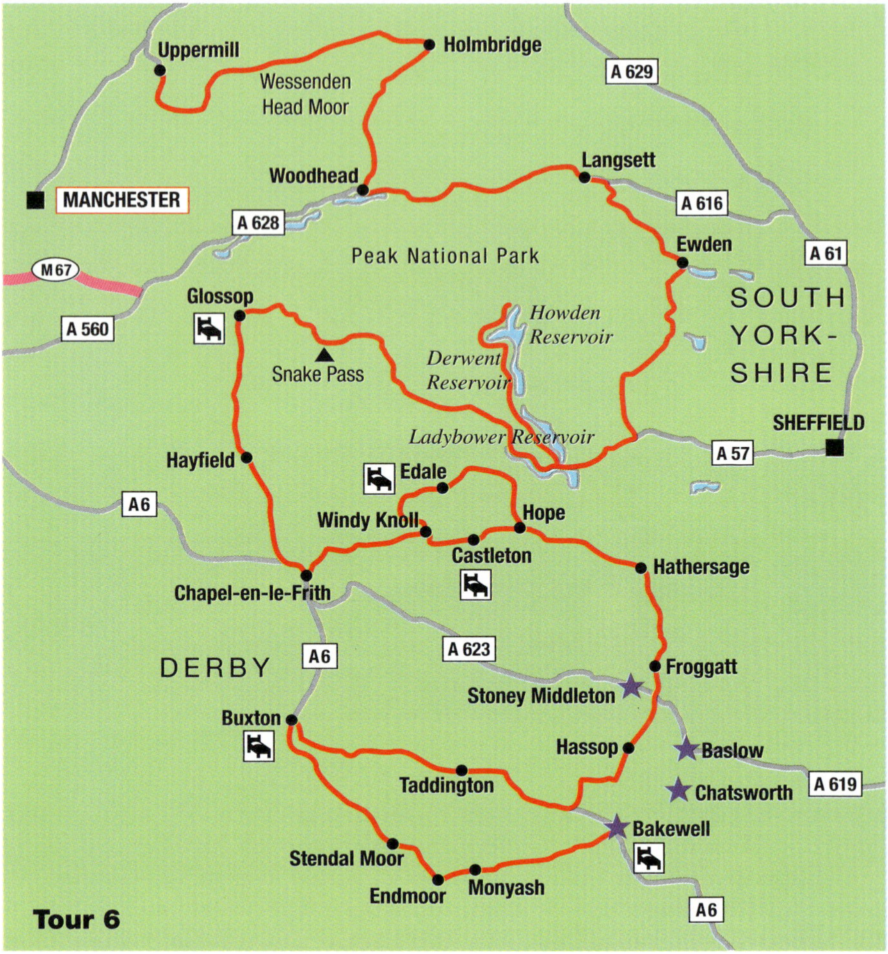

Gefahrene Strecke
einschließlich Abstecher:
etwa 350 Kilometer

Karte:

Offizielle Karte der AA Automobile Association, 1 : 200 000, Midlands, Blatt 4, Kümmerly & Frey, 17,80 Mark.

Um den Peak-District auf seinen wunderschönen Nebenstrecken zu erkunden, sollte die Karte Ordnance Survey, Touring Map & Guide 4 im Maßstab von 1 : 63 360, Ordnance Survey Southampton, Great Britain, für 16,80 Mark im Gepäck sein.

Grün satt: im Derwent Valley

Route:

Manchester (M 62) – Milnrow (Ausfahrt 21, A 640) – Denshaw (A 6052) – Delph – Uppermill (A 670) – Greenfield (A 635) – Wessenden Head – Wood Cottage – Digley Reservoir – Holmbridge (A 6024) – Woodhead (A 628) – Flouch Inn (A 616) – Langsett – Upper Midhope – Ewden – Broomhead Hall – Adgen Bridge – Thornseat – Bole Edge Platation – A 57 – Ladybower Reservoir – Derwent Reservoir – Howden Reservoir – Ladybower Reservoir (A 57) – Glossop – (A 624) – Hayfield – Chapel-en-le-Frith (A 625) – Windy Knoll – Barber Booth – Edale – Hope (A 625) – Castleton – Windy Knoll (B 6061) Castleton – Hope – Bamford – Hathersage (B 6001) – Grindleford – Froggatt – Calver – Hassop – A6020 – Ashford in the Water (A 6) – Taddington – Blackwell – Buxton (A 515) – Sterndale Moor – Endmoor (B 5055) – Monyash – Bakewell

Übernachten:

Vorwahl Großbritannien 0044

●● Avondale, Glossop,
28 Woodhead Road,
Glossop SK13 9RH,
Telefon: 01457/853132.
Sehr hoher Standard der drei Gästezimmer in einem traditionellen Steinhaus mit wunderbarem Blick über Old Glossop. Bad, Dusche nur auf der Etage.

●● Stonecroft, Edale,
Grindsbrook, Edale,
Sheffield S30 2ZA,
Telefon: 01433/670262.

Im Herzen des Peak District am Ausgangspunkt des Pennine Way liegt das Country House Stonecroft. Eine gute Adresse für Vegetarier, da die Speisekarte mit einer großen Auswahl an vegetarischen Gerichten aufwarten kann.

●●● Castle Cliffe Private Hotel, Bakewell, Monsal Head, Bakewell DE45 1NL, Telefon: 01629/640258. Viktorianisches Steinhaus mit herrlichem Blick auf Monsal Dale. Bekannt für die freundliche Atmosphäre und das ausgezeichnete Essen.

●●● Ye Olde Cheshire Cheese Inn, Castleton, How Lane, Castleton, Sheffield S30 2WJ, Telefon: 01433/620330. Urgemütlicher Inn aus dem 17. Jahrhundert. Außergewöhnlich ist die Speisekarte mit einer Auswahl von über 30 Gerichten. Empfehlenswert sind die Wildgerichte, besonders das Wildschwein sollte man probieren.

●●●● Ye Olde Nags Head, Castleton, Sheffield S30 2WH, Telefon: 01433/620248, Fax: 01433/621604. In diesem alten Gebäude kann man an jeder Ecke den einstigen Glanz eines großen Internationalen Hotels erkennen. Sehr guter Ausgangspunkt für Erkundungstouren in das Herz des Peak-Districts.

●●●● Wind in the Willows Hotel, Glossop, Sheffield Road, Glossop SK13 9PT, Telefon: 01457/868001, Fax: 01457/853354. Sehr freundliches Country House Hotel. Die angenehme Atmosphäre inmitten vieler antiker Möbelstücke, der offene Kamin und das gute Essen lassen einen schnell die Anstrengungen des Tages vergessen.

Sehenswert:

Bakewell
Die Stadt ist ein Muß für jeden Peak-District-Reisenden. Sie ermöglicht einen Streifzug durch 1000 Jahre englische Geschichte. Angefangen mit angelsächsischen Ruinen über den historischen Markt aus dem 14. Jahrhundert, Tudorhäusern, Gartenanlagen mit Badehaus aus dem 17. Jahrhundert, einer sehenswerten Mühle aus dem 18. Jahrhundert bis hin zu modernen Einkaufspassagen. Am Geschmack des berühmten Bakewell Pudding scheiden sich allerdings die Geister.

Baslow
Das schnuckelige Städtchen wird überragt von einem Monolithen, durch dessen Besteigung in früheren Zeiten die Jünglinge ihre Männlichkeit unter Beweis stellten. Daß auch sonst meist etwas eigenartige Menschen hier gelebt haben müssen, erkennt man an der Kirchturmuhr, auf der anstatt Zahlen lediglich der Name der Königin Viktoria und die Jahreszahl 1897 geschrieben stehen und am Eingang des Brückenzollhäuschens, der nur einen Meter hoch ist.

Chatsworth
Chatsworth beherbergt nicht nur einige der elegantesten Häuser Englands, sondern auch den zweithöchsten Springbrunnen Europas, den Emperor Fountain, der sein Wasser 88 Meter hoch in die Luft spritzt.

Stoney Middleton
Neben der achteckigen Kirche hat Stoney Middleton noch andere architektonisch interessante Bauwerke zu bieten, unter anderem die römischen Bäder, in denen man immer noch seine ermüdeten Knochen pflegen kann.

Flash
Das Örtchen erhielt seinen Namen von den früher hier ansässigen Münzenmachern und wirbt heute damit, das Bier in Englands höchstgelegenen Pubs ausschenken zu können.

Power-Kombination: Kaffee und Guinness

Adressen:

Tourist Information Centre
Bakewell: Old Market Hall,
Bridge Street, Bakewell,
Derbyshire DE45 1DS,
Telefon: 01629/813227.

Peak National Park
Information Centre
Castleton: Castle Street,
Castleton, Derbyshire S30 2WG,
Telefon: 01433/620679

HIGHLANDS MIT HINDERNISSEN

Im Norden des Vereinigten Königreichs liegt einer seiner größten Leckerbissen: Die schottischen Highlands. Neben Nessie, Schafen, Malz-Whisky jede Menge einspuriger Landstraßen durch grandiose Landschaft.

Schottland: das Glück hat einen Namen

SCHOTTLAND

Robbi, der lustige Schweizer GS 100-Fahrer begleitet uns, als wir am frühen Morgen in Kingston-Upon-Hull die Fähre verlassen. Wir fahren nach Edinburgh, der ersten Station unserer Schottland-Reise. Während wir von dort aus unsere Highland-Tour starten, verbringt er einen vierwöchigen Sprachurlaub in der schottischen Metropole. Ausgerechnet in Schottland, wo man, vielleicht neben Wales, das gewöhnungsbedürftigste Englisch der Insel spricht. Denn eigentlich sind die Schotten keine Briten sondern Kelten, und die englische Sprache ist ihnen in jahrhundertelangem Kampf aufgezwängt worden.

Wir Deutsche neigen dazu »England« zu sagen, wenn wir Großbritannien meinen. Das heißt wir beziehen Schottland, Irland und Wales mit ein. Nichts ist falscher als das. Einen Schotten als Engländer zu bezeichnen, ist so ziemlich der schlimmste Fauxpas den man sich dortzulande vorstellen kann.

Daß die Schotten den Engländern nicht grün sind (und umgekehrt) merkt man in Schottland auf Schritt und Tritt. So sind die Engländer oftmals Hauptdarsteller in schottischen Witzen (und umgekehrt), sie sind schuld am Wetter, oder wenn die Glasgow Rangers verlieren. Aus schottischer Sicht läßt sich letztendlich alles Mißgeschick nördlich des River Tweed auf die Existenz der Engländer zurückführen. Betrachtet man die gemeinsame Historie dieser ungleichen Nachbarn so wird man diese Haltung ein Stück weit verstehen.

Um die schottische Wesensart kennenzulernen, versuchen wir möglichst zügig die 400 Kilome-

Welcome to Scotland: Dudelsackspieler in Carter Bar

Zerfurcht: Schottlands Westküste

ter zwischen Hull und Edinburgh hinter uns zu bringen. Ein erster Eindruck der Highlands bietet sich uns im, noch englischen, Northumberland, als wir aus den lieblichen grünen Tälern in eine karge, graubraune Hochmoorlandschaft aufsteigen, die zunehmend von Schafen besiedelt ist. Im Pub von Otterburn, wo wir eine kleine Pause einlegen, steht auch schon der Haggis auf der Karte, jenes berüchtigte schottische Nationalgericht aus Schafsinnereien, das Christian partout nicht probieren möchte. Schottland muß nah sein.

Tatsächlich überschreiten wir ein paar Kilometer später die, nur durch das Vorhandensein eines Parkplatzes mit Reisebussen erkennbare »Scottish Border« und nach einer weiteren Stunde erreichen wir Edinburgh, wo wir uns, ausgerechnet in einem irischen Pub, von unserem Schweizer Begleiter Robbi verabschieden.

Drei pints of Guinness später, als Christian die BMW starten will, kehrt Ruhe ein. Der Anlasser macht nämlich keinen Mucks mehr . Nach einigen Mutmaßungen und manuellen Startversuchen müssen wir resigniert zur Kenntnis nehmen, daß der Anlasser wohl unwiderruflich den Weg alles Irdischen gegangen ist.

Da es Sonntag ist und keine Chance auf Reparatur besteht, mieten wir uns erstmal im Thistle Inn Hotel ein, das glücklicherweise direkt vor unserer Nase liegt und auch noch freie Zimmer hat. Den Abend verbringe ich

Uneinnehmbar: Crathes Castle

dann damit, meinen frustrierten Freund Christian moralisch wieder aufzurichten.

Man kennt uns bereits im Grassmarket, als wir am nächsten Morgen die BMW dreimal die Straße runter und wieder raufschieben, bis sie endlich anspringt. An Kickstart ist bei dem kalten Motor nämlich nicht zu denken. In der BMW-Werkstatt, die wir nach einer Stunde endlich finden, sagt man uns freundlich aber bestimmt, daß nur ein Notdienst da sei, weil heute ein lokaler Edinburgher Feiertag sei und außerdem habe man sowieso keinen Anlasser auf Lager. Wohin wir denn wollten? Als wir unsere vorgesehene Route beschreiben, stellt uns der Mann im grauen Kittel eine Liste aller schottischen BMW-Werkstätten zusammen und spricht darüberhinaus auch noch Empfehlungen aus.

Christian kriegt so langsam Übung in der Technik des Ankickens, und so starten wir schließlich an diesem grauen Montagmorgen mit einem Tag Verspätung in die ersehnten Highlands. Da wir jetzt möglichst schnell nach Norden kommen wollen, überqueren wir bei South Queensferry den Firth of Forth, um auf der M 90 vorbei am Loch Leven nach Perth zu gelangen. Von dort geht es weiter auf der A 9 in Richtung Pitlochry. Das hört sich schon ziemlich gälisch an. In

der Tat beginnt die Landschaft sich zu verändern. Aus den lieblichen, von gelb blühendem Ginster bewachsenen Hügeln um Perth werden nun bewaldete Berge mit engen Schluchten. Alles erinnert ein bißchen an den Schwarzwald. Langsam steigt das Tal an und öffnet sich vor Pitlochry zu einer Hochebene, die nur noch Bewuchs in Form von verkrüppelten, geduckten Kiefern und Heidekraut aufweist. Alles wirkt irgendwie bedrückend. Das aufziehende, schlechte Wetter verstärkt diesen Eindruck noch. Nachdem es schon den ganzen Tag bedeckt war, fängt es jetzt auch noch an zu regnen. Oder ist es einfach nur sehr feuchter Nebel? Der Unterschied ist hierzulande nicht immer klar auszumachen. Jedenfalls werden wir langsam aber stetig nässer. Und lausig kalt wird es ebenfalls.

Über den »Pass of Drumochter« gelangen wir ins »Glen Spean«, das sich zunächst ebenfalls als öde, lebensfeindliche Hochebene präsentiert. Hie und da sieht man Anzeichen menschlicher Ansiedlungen. Meist sind es isoliert stehende Bauernhäuser in der typischen, geduckten Bauweise mit den fensterlosen Stirnwänden. Es ist Frühsommer und die Tage sind lang, aber ich frage mich, was die Leute hier im Win-

Fast mediterrane Gefühle: am Loch Ewe

Wieder mal erschöpft: Pause in der Sonne

ter tun, wenn es, so es das Wetter zuläßt, um halb zehn morgens hell und um vier Uhr nachmittags bereits wieder dunkel wird. Wahrscheinlich mußte aus diesem Grund der Whisky in Schottland erfunden werden.

Denkt man an Schottland so denkt man automatisch an Kilt, Tartan und Whisky. Aber zumindest der *usque beatha*, wie der goldschimmernde Nationaltrunk auf gälisch heißt, ist mehr als ein Klischee. Er ist Ausdruck der schottischen Volksseele, ist für den Highlander Kraftspender und Tröster, den er als *wee dram* zu sich nimmt. Wee heißt zwar winzig, aber ein »wee dram« kann einen gehörigen Schluck bedeuten, denn der Schotte liebt den Diminutiv wie der Schwabe. Wie gewaltig so ein winziges Schlückchen sein kann, berichtet Susan Flemming in The Little Whisky Book: Als man Flora MacDonald, die dereinst Bonnie Prince Charlie vor dem Zugriff der Engländer gerettet hatte, zu Grabe trug, ertränkten die 3000 Trau-

ergäste ihren Schmerz in 300 Gallonen Scotch. Eine Gallone entspricht etwas über 4,5 Litern!

Robert Burns, der schottische Nationalpoet besang den Whisky so:

O thou, my Muse. Guild auld Scotch Drink. Whether thro' wimplin worms thou jink, or, richly brown, ream owre the brink, in glorious faem,
inspire me, till I lisp and wink, to sing thy name!

»O Du, meine Muse. Guter, alter schottischer Trunk. Ob Du Dich durch die gewundenen Worms (Spiralen der Destille) zwängst, oder dunkelbraun über die Ränder trittst in herrlichem Schaum, feure mich an, bis ich stammelnd und zwinkernd Deinen Namen preise!«

Derart sinnierend gleiten wir, fasziniert von der ständig wechselnden Landschaft, durch das Tal von Spean, um in Spean Bridge, im Schatten des gewaltigen Ben Nevis in das Glen More einzubiegen. Dieses bringt uns nach Fort Augustus, der Ortschaft bei der das wohl größte schottische Klischee beginnt: Loch Ness. Da wir nicht davon ausgehen, daß Nessie gerade an diesem Abend auf uns wartet, ziehen wir die kleine »gelbe« single track road auf der Ostseite des Sees, der touristischen Westroute vor. Romantisch windet sich das einspurige Sträßchen in die Höhen der Modliath Mountains, um bei Inverfarigaig durch einen feuchten Urwald wieder zum Loch Ness zurückzukehren. Der Rest der Strecke zu unserem Tagesziel Inverness führt direkt am See entlang, und obwohl wir uns für aufgeklärte Menschen halten, ertappen wir uns dabei, wie wir in dieser Abenddämmerung immer wieder auf den dunklen See hinausstarren. Ohne Erfolg. Nessie zeigt sich einfach nicht.

Malt die Häuser an: Abendsonne

Als wir Inverness erreichen, ist es bereits dunkel, aber wir finden ohne Schwierigkeiten ein Bed & Breakfast für 30 Pfund die Nacht. Nachdem wir uns dort eingerichtet haben, zieht es uns noch in den benachbarten Pub, wo wir in rauchiger Enge unsere erstes half and a half, also halb und halb (Bier & Whisky) geniessen. Bei dieser Gelegenheit lernen wir auch gleich das gälische Prost: Slainte Mhah, was so viel wie »gute Gesundheit« heißt und »slanschivah« ausgesprochen wird.

Mit Mühe können wir uns am nächsten Morgen noch daran erinnern, als wir im Hof unserer Pension stehen und die morgendliche Prozedur der BMW-Schiebung beginnt. Unglücklicherweise grenzt an diesen Hof ein Hotel, aus dem im selben Moment eine etwa 20-köpfige deutsche Reisegruppe von Damen und Herren mittleren Alters tritt. Überflüssig zu erwähnen, mit welch aufmunternden und motivierenden Sprüchen wir bedacht werden. Gottseidank springt die Kiste beim zweiten Versuch an, und wir machen uns ziemlich schnell vom Acker, um wenig später in der lokalen BMW-Niederlassung die frohe Botschaft zu vernehmen, daß ein Anlasser für die GS 100 auf Lager liegt. Als wir aber unsere Erwartung äußern, den Anlasser sofort eingebaut zu bekommen, lacht der Mann nur. »Frühestens morgen« lautet seine Antwort. Wo wir doch ausgerechnet heute unsere große Tour durch die

Western Highlands machen wollen. Also gut, dann eben wieder mit Anschieben und Ankicken.

Christian, als studierter Vermesser ein König im Umgang mit der Karte, hatte bereits vor dem Frühstück eine vielversprechende Route auf kleinen single track roads entlang der zerfurchten, schärenartigen Westküste ausgetüftelt. Und so rollen wir gemütlich auf der A 835 gen Westen, vorbei an Gehöften mit saftig-grünen Weiden und schwarzen Angusrindern, durch eine liebliche Ebene, die nun gar nicht zu unseren Vorstellungen von Highlands passen will. Aber das ändert sich, als wir bei Gorstan auf die A 832 Richtung Kinlochewe einbiegen. In der Ferne tauchen die kahlen, grünen Hügel auf und nachdem wir einen dichten Fichtenwald verlassen, befinden wir uns in einem kargen Hochtal, mit vielen Steinen und Schafen.

Zu unserer großen Freude reißt in Achnasheen der verhangene Himmel auf und vor uns tut sich ein sanfter, sonnenbeschienener grünbrauner Abhang auf, durch den sich die Straße idyllisch zum Loch Maree hinunterschlängelt. Im Sonnenlicht des Vormittags erscheint die Landschaft nun geradezu lieblich; vorbei ist die depressive Düsternis des Vortages. Ein weiter, blaßblauer Himmel spannt sich in flachem Bogen über uns, als wir Loch Maree passieren, um durch eine enge Schlucht bei Gairloch an den gleichnamigen Loch zu gelangen. Die Nähe zum Atlantik, den hier auch noch ein bißchen der warme Golfstrom streift, läßt die Vegetation in diesem Tal nahezu südlich werden. Aus den Birken der Hochebene werden duftende Kiefern und am Rande des Baches blüht wild und üppig der Rhododhendron. Süßlich duftet der allgegenwärtige Ginster. Frühling in Schottland.

Golfstrom sei Dank: Badespaß im Nordatlantik

Absolut wasserdicht: schottische Galloway-Hochlandrinder

Als wir Gairloch erreichen, wird die Szenerie fast kitschig: Vor uns liegt ein ockerfarbener Sandstrand an den ein türkis- bis tiefblaues Meer grenzt. Der Rasen des Golfplatzes leuchtet in sattem Grün und der blühende Ginster gibt sein kräftiges Gelb dazu. Wir beschließen hier eine ausgiebige Rast einzulegen.

Am frühen Nachmittag geht es dann weiter, immer an der zerklüfteten Westküste entlang. Die Landschaft wird atemberaubend schön. Unter uns liegen kleine, weiße Buchten, eingerahmt von steil abfallenden Felsen, die entweder mit dichtem Gras, oder aber mit Heidekraut bewachsen sind. Entlang des Loch Broom gelangen wir nach Ullapool, dessen weißgetünchte Häuser entlang des Kais einen eher mediterranen Eindruck hinterlassen. Bei einer weiteren Kaffeepause sitzen wir auf einer Wiese und beobachten die nach Stornoway auslaufende Fähre. Die Luft ist wunderbar mild und das Licht gedämpft. Alles ist easy, das Leben ist leicht. Immerzu geht mir die Filmmusik von Local Hero durch den Kopf und unwillkürlich denke ich, der könnte hier gedreht worden sein.

Mittlerweile ist es sechs Uhr abends und von unserer geplanten Tagestour ist noch ein ganzes Stück übrig. Also machen wir uns wieder auf den Weg, folgen der B 869 immer an der wunderschönen Westküste entlang bis Stoer und von dort aus nach Culkein, der letzten Ortschaft am Point of Stoer. Irgendwie packt es uns und wir fahren auf ausgetrampelten Schafspfaden auch noch die letzten Kilometer bis zum äußersten Punkt der Klippe. Als die Dämmerung hereinbricht, sitzen wir am Ende der Welt und schauen auf das Meer hinaus. Wir sind mit uns und der Welt im Reinen.

Im letzten Licht des Tages fahren wir weiter durch die zerklüftete Mondlandschaft zwischen Lochinver und Kylesku.

Es ist bereits dunkel, als wir wenig später wieder auf die Hauptstraße treffen. Unsere größte Sorge ist, ob der Sprit bis zur nächsten Tankstelle reicht. Die nächste größere Ortschaft ist Ullapool und bis dahin sind es noch gute 50 Kilometer. Zu unserer Erleichterung sehen wir aber nach wenigen Kilometern ein Esso-Schild »in the middle of nowhere«. Nach etwas Suchen finden wir auch die dazugehörige Zapfsäule und eine Klingel lockt den Tankwart aus dem einsamen Haus hervor. Dieser stellt sich als sehr gesprächig heraus und warnt uns eindringlich vor den Hirschen:»the deerrs arr stupid«. Diese rennen nämlich offensichtlich bei nahenden Fahrzeugen aus lauter Panik auf die Straße. Tatsächlich müßen wir auf unserer nächtlichen Fahrt mehrfach stark bremsen, um Zusammenstöße zu vermeiden. Entsprechend vorsichtig fahren wir dann auch zurück nach Inverness, das wir gegen Mitternacht erreichen. Da um diese Zeit an Abendessen nicht mehr zu denken ist, schauen wir noch auf ein Bier ins örtliche Pub, wo wir gerade noch die »last order« erwischen.

Am nächsten Morgen werden wir dann erwischt, und zwar von der mittelalten deutschen Reisegruppe, die just in dem Augenblick aus dem Hotel tritt, als das Spektakel des Anschiebens beginnt. Und heute kriegen sie echt was geboten. Da sich die BMW bei den ersten beiden Versuchen verweigert, geben wir beim dritten Versuch wirklich alles. Als Christian die Kupplung schnalzen läßt, springt der Boxer mit einem kräftigen Ruck an und macht sofort einen großen Satz nach vorn. Unglücklicherweise halte ich zu diesem Zeitpunkt den Gepäcktrager noch mit beiden Händen fest umklammert. Was auch mir einen kräftigen Satz nach vorn beschert. Als ich den Gepäckträger endlich loslasse, ist es bereits zu spät. Ich habe so viel Vorlage und Geschwindigkeit, daß ich mich nicht mal mehr abrollen kann, und mich der Länge nach hinlege. Im Fallen sehe ich noch Christians verdutztes Gesicht, der sich umdreht, um mir seine Freude zu zeigen, mich aber nicht mehr in der gewohnten Höhe antrifft. Über die Kommentare unserer Reisegruppe möchte ich nichts erzählen. Ab in die Werkstatt.

Zwei Stunden später reagiert die BMW wieder auf Knopfdruck und Christian strahlt wie ein kleiner Bub' an Weihnachten. Bei dieser Freude fallen auch die 300 Pfund nicht mehr so ins Gewicht, die er dafür liegenlassen muß.

Vorbei am »Culloden Battlefield«, dem tragischsten Ort Schottlands, an dem am 16. April

Lichter Wegweiser: Leuchtturm an der Küste

1746 der fettleibige Herzog von Cumberland den aufständischen Highlandern unter Bonnie Prince Charlie die finale Niederlage beigebracht hat, fahren wir gen Osten, nach Elgin. Dort biegen wir auf der A 941 nach Süden ab, denn man darf Schottland nicht verlassen, ohne eine Whisky Distillery gesehen zu haben. Und so finden wir uns kurz darauf in den heiligen Hallen von Glen Grant wieder. Dort lernen wir eine ganze Menge. Zum Beispiel daß ein echter single malt nur aus drei Zutaten besteht: Wasser, Gerste und Hefe. Die Gerste wird bis zum Keimen im Wasser eingeweicht und anschließend über dem Torffeuer getrocknet. Danach wird dieser grüne Malz gemahlen und mit heißem Wasser eingemaischt. Der Zusatz von Hefe leitet den Gärungsprozeß ein. Die jetzt enstandene schwach alkoholische Flüssigkeit, der wash, wird zweimal gebrannt. Nur der mittlere Teil der zweiten Brennung ergibt den spirit. In Eichenfässern, die dem schottischen eau de vie die Farbe verleihen, reift der Whisky nun mehrere Jahre, bevor er abgefüllt und zu mehr als 90 Prozent in die weite Welt exportiert wird.

In dieser Ecke Schottlands, der Grampian Region, kann man, so Zeit und Muse ausreichend vorhanden sind, einem richtigen Malt Whisky-Trail folgen, der einen durch die Brennereien von Cardhu, Dallas Dhu, Glenfarclas, Glenfiddich, Glen Grant, Glenlivet, Strathisla und Tamnavulin führt. Wir jedoch begnügen uns mit nur zweien und fahren weiter nach Süden, ins schottische Skigebiet um den 792 Meter hohen Carn Ealasaid.

Es ist halb elf Uhr abends, als wir abends um halb elf ein Quartier im Pub von Tarland finden. Es gibt sogar noch etwas zu essen. Die ätere und sehr nette Wirtin Liz zaubert uns irgendwie noch ein Chicken Curry auf den Tisch, ohne dabei ihre restlichen vier Gäste zu vernachlässigen, die mit Ale oder Whisky in der Hand dem Stallone-Film im TV nur halbherzig folgen. In diesem abgelegenen Dorf scheinen wir Ausländer Exoten zu sein, und schon bald entspinnt sich ein Gespräch über Schottland, England, Deutschland; Fußball, Klinsmann, Schuhmacher, die englische Queen und den schottischen Queens View, einen Aussichtspunkt, an dem wir während des Tages vorbeigekommen sind. Meine Frage, ob man von dort aus die Queen sehen könne, findet irgendwie keiner so richtig witzig.

Einer der Anwesenden, ein nur anfangs zurückhaltender Bursche von knapp dreißig Jahren, tut sich mit dümmlich-markigen Sprüchen als schottischer Royalist hervor. Einer der Älteren, dem dies offensichtlich zuviel wird, verabschiedet sich mit dem, hierzulande provozierenden Statement:»And I'm a brritish rroyalist«. Er kehrt allerdings sofort in die Kneipe zurück, nachdem er festgestellt hat, daß es draußen regnet.

Am nächsten Morgen scheint bereits wieder die Sonne, als wir Stonehaven erreichen. Dort liegt nämlich, atemberaubend abenteuerlich auf eine Klippe gebaut, Dunnottar Castle. Hoch über dem türkisfarbenen Meer, von Möwen umkreist, steht die Ruine eines unglücklichen schottischen Clanchiefs, der sich nach der Schlacht von Culloden Moor in buchstäblich letzter Minute dem Zugriff der Engländer durch Flucht per Boot nach Schweden entziehen konnte. Seither ist die Burg in englischem Besitz.

Dies erzählt uns Mr. Peter McKenzie, der freundliche Verwalter von Dunnottar Castle, der uns durch sein Entgegenkommen ein paar ungewöhnliche Fotos ermöglicht.

Den Rest des Tages verbringen wir damit, mehr oder weniger schnell und direkt nach Edinburgh, (»E'nbrra«) zurückzukehren, wo wir in unserer Kneipe im Grassmarket Robbi, unseren Schweizer Freund, der mittlerweile seine erste Woche schottischen Sprachkurses hinter sich hat, wiedertreffen. Die Freude ist groß, und wir werden nicht müde, ihm beim Bier inbrünstig von den traumhaften Highlands vorzuschwärmen. Slainte Mhah.

Als wir am nächsten Morgen im warmen Sonnenschein unser Gepäck aufpacken, ist es uns schon irgendwie weh' ums Herz. Nur ungern verlassen wir dieses außergewöhliche Land mit seiner pittoresken Landschaft, seinen warmherzigen Menschen und seinen belebenden Getränken. Vielleicht auch um uns zu trösten, nehmen wir uns fest vor, nächstes Jahr wiederzukommen. Um all die Plätze zu sehen, für die es dieses Jahr nicht gereicht hat. Cheers Scotland.

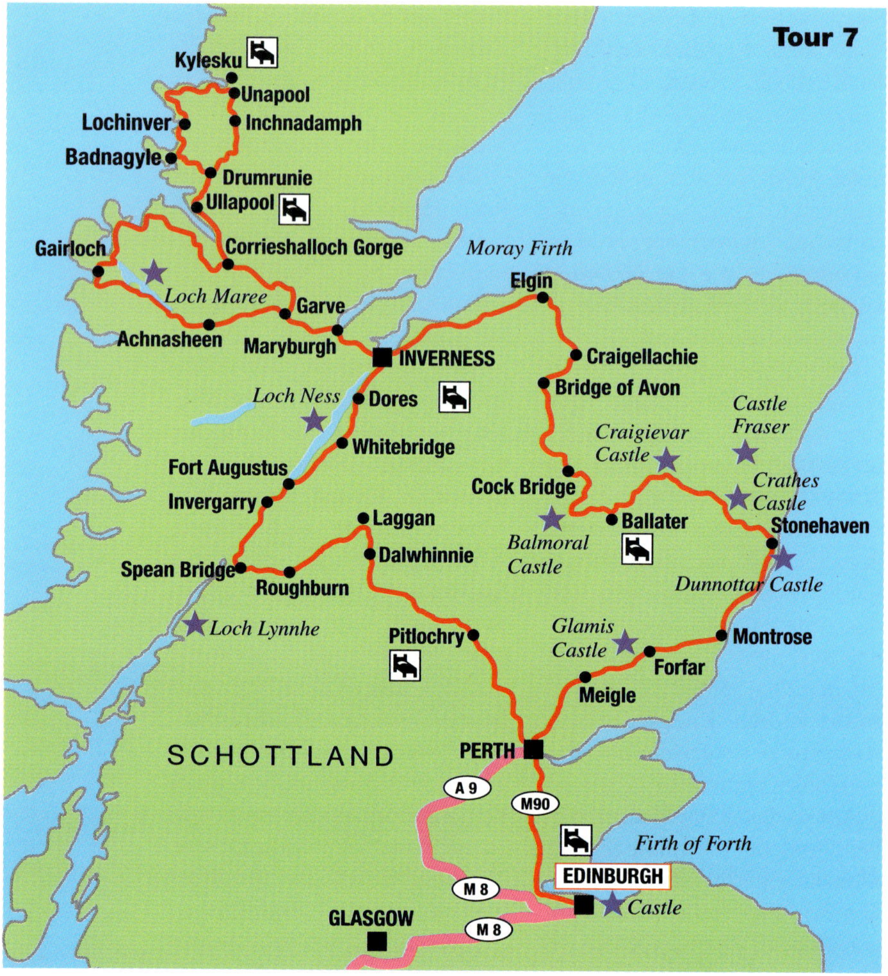
Tour 7
Kylesku
Unapool
Lochinver
Inchnadamph
Badnagyle
Drumrunie
Ullapool
Gairloch
Corrieshalloch Gorge
Moray Firth
Loch Maree
Garve
Elgin
Achnasheen
Maryburgh
INVERNESS
Craigellachie
Bridge of Avon
Loch Ness
Dores
Castle Fraser
Craigievar Castle
Whitebridge
Fort Augustus
Cock Bridge
Crathes Castle
Invergarry
Laggan
Ballater
Stonehaven
Balmoral Castle
Spean Bridge
Dalwhinnie
Roughburn
Dunnottar Castle
Loch Lynnhe
Pitlochry
Glamis Castle
Montrose
Forfar
Meigle
SCHOTTLAND
PERTH
A 9
M90
Firth of Forth
EDINBURGH
M 8
Castle
GLASGOW
M 8

Gefahrene Strecke einschließlich Abstecher: etwa 1000 Kilometer.

Karte:

Offizielle Karte der AA Automobile Association, 1 : 200 000, Süd- und Nord-Schottland, Blatt 6 und 7, Kümmerly+Frey, jeweils 17,80 Mark.

Route:

Edinburgh (M 90) – Perth (A 9) – Dunkeld – Pitlochry – Calvine – Dalwhinnie (A 889) – Catlodge – A 86 – Cromra – Roughburn – Spean Bridge (A 82) – Laggan – Invergarry – Fort Augustus (B 862) – Glendoebeg – Whitebridge – B 852 – Foyers – Dores – Inverness (A9) – Tore (A 835) – Maryburgh – Contin – Garve (A 832) – Achnasheen – Kinlochewe – Talladale – Gairloch – Aultbea – Dundonnell – Corrieshalloch Gorge (A 835) – Ullapool – Drumrunie – Linneraineach – Badnagyle – Lochinver (B 869) – Clachtoll – Stoer – Point of Stoer – Stoer – Drumbeg – Kylesku (A 894) – Inchnadamph – Ledmore (A 835) – Ullapool – Corrieshalloch Gorge – Lochdrum – Garve – Inverness (A 96) – Nairn – Forres – Elgin (A 941) – Rothes – Craigellachie (A 95) – Aberlour – Bridge of Avon (B 9008) – Glenlivet (B 9136) – Tomintoul (A 939) – Cock Bridge – Colnabaichin – Crathie (A 93) – Ballater – Dinnet (A 97) – Ordie (B 9119) – Tarland (B 9119) – Craigievar Castle (A 980) – Lumphanan – A 93 – Banchory – A 957 – Lochton – Stonehaven (A 92) – Inverbervie – Montrose – A 934 – B 9113 – Forfar (A 94) – Glamis – Meigle – Perth (M 90) – Edinburgh

Übernachten:

Vorwahl Großbritannien 0044

●●● Ellesmere Guest House, Edinburgh, 11 Glengyle Terrace, Edinburgh EH3 9LN, Telefon: 0131/2294823, Fax: 0131/2295285.
Von dem typischen Scottish Guesthouse erreicht man die City von Edinburgh und die interessanten Sehenswürdigkeiten bequem zu Fuß. Mit dem exzellenten Frühstück sind die Anstrengungen der Besichtigungstouren leicht zu bewältigen. Besonders erwähneswert ist die Honey Moon Suite mit Himmelbett.

Unbezwingbar: Dunnottar Castle

●●● Braid Hills Cottage,
Edinburgh, 20 Jordan Lane,
Edinburgh EH10 4QZ,
Telefon: 0131/4473650.
Aus dem frühen 19. Jahrhundert stammt dieses schöne Cottage in der Nähe des Stadtzentrums von Edinburgh. Trotz der Stadtnähe ist es angenehm ruhig und im großen Garten läßt es sich nach einer Sightseeingtour wunderbar relaxen. Besondere Spezialität des Hauses ist das vegetarische Frühstück.

●●● Craigroyston House,
Pitlochry, 2 Lower Oakfield,
Pitlochry PH16 5HQ,
Telefon/Fax: 01796/472053.
Wunderschönes viktorianisches Landhaus mit schönem, großem Garten und herrlichem Blick auf die umliegenden Berge. Die Stadtmitte und das Theater sind bequem zu Fuß zu erreichen.

●●● Kinnaird House,
Pitlochry, Kirkmichael Road,
Pitlochry, Perthshire PH16 5JL,
Telefon: 01796/472843.
Etwa 2,5 Kilometer außerhalb auf einem Hügel im Vale of Atholl liegt diese prächtige, viktorianische Villa. Zum Start in einen neuen Biker-Tag gibt es ein tolles Frühstück.

●●● Atherstone Guest House,
Inverness, 42 Fairfield Road,
Inverness IV3 5QD,
Telefon: 01463/240240.
Aufs herzlichste wird man im viktorianischen Landhaus von Alex und Jenny Liddell ganz in der Nähe der Stadtmitte begrüßt. Nach einer anstrengenden High-

landtour läßt es sich hier gut relaxen.

●●● Ardvreck Guest House,
Ullapool, Morefield Brae,
Ullapool IV26 2TH,
Telefon/Fax: 01854/612028.
Ganz zu der Einsamkeit der herrlichen Highlands paßt die Lage des Ardvreck Guest House etwa 2.5 Kilometer außerhalb von Ullapool. Der berauschende Blick auf Loch Broom und die Berge entschädigt für das fehlende Nachtleben in der Stadt.

●●● Moorside Guest House,
Ballater, Braemar Road,
Ballater,
Aberdeenshire AB35 5RL,
Telefon/Fax: 013397/55492.
Wunderschönes ehemaliges Pfarrhaus mit einem großen Garten und eigenem Gästeparkplatz. Idealer Ausgangspunkt nach einem exzellenten Frühstück für Erkundungstouren durch das grandiose Tal des River Dee.

●●●● Trafford Bank,
Inverness, 96 Fairfield Road,
Inverness IV3 5LL,
Telefon: 01463/241414,
eMail: traff@pop.cali.co.uk
Wer die Highlands besucht, sollte unbedingt bei den McKenzies die Gastfreundschaft in ihrem wunderschönen Haus ganz in der Nähe der Stadtmitte erleben. Für Biker ganz angenehm ist der große Privatparkplatz.

●●●● Kylesku,
Unapool Croft Road, Kylesku,
Sutherland IV27 4HW,
Telefon: 01971/502227.
Wer einmal zu Gast war im typischen Highland Crofthouse von Fiona und Diarmid kommt bestimmt gerne wieder hierher. Einfach herrlich liegt das Gästehaus in den Highlands in der Nähe der Kylesku Bridge. Auch die Speisekarte läßt keine Wünsche offen. Ob Suppe, Local Fish, Seafood, Auflauf oder vegetarische Gerichte, man hat die Qual der Wahl. Wichtig für einen unvergeßlichen Aufenthalt ist die rechtzeitige Reservierung und der Verzicht auf Zigaretten: Non-Smoker.

Sehenswert:

Edinburgh
Das Castle von Edinburgh ist zweifelsfrei Schottlands meistbesuchte Sehenswürdigkeit. Über Jahrhunderte war es der wichtigste Schutz der Hauptstadt. Die erste Befestigung stammt aus dem Jahre 1450, die heutige Festungsanlage wurde gegen 1780 fertiggestellt und

beherbergt ein Military Museum und im Crowns Room die schottischen Kron-Insignien.
Viel Zeit zum Schlendern über die jahrhundertealten Gassen zwischen dem Castle und Holyrood sollte man sich für die Royal Mile nehmen.

Glencoe, das Tal der Tränen

Zum einen ist das Tal eine wunderschöne Gegend für Biker mit herrlichen Kurven, zum anderen eine traurige Stätte der Auseinandersetzungen zwischen Schotten und Engländern. Am 13. Februar 1692 ließ John Dalrymple (Schottland-Minister von König Wilhelm von Oranien) etwa 40 Mitglieder des MacDonalds Clan, Männer, Frauen und Kinder aufgrund einer Lappalie niedermetzeln. Ein schlichtes Kreuz am Ortsrand von Glencoe erinnert als Mahnmal an die erschlagenen MacDonalds.

Loch Ness

Endlos ranken sich die Geschichten um Nessie seit das Ungeheuer am 22. Juli 1933 zum ersten Mal gesichtet wurde. Die Grenzen zwischen Science Fiction, Whisky-Träumereien und echter Theorie verschwimmen. Fest steht, daß in Loch Ness ideale Lebensbedingungen für einen Saurier vorherrschen. Ein Labyrinth aus weit unter das Festland reichende Höhlen, riesige Unterwasserberge mit tiefen Schluchten und eine nahezu konstante Wassertemperatur würden es Nessie ermöglichen, lange unentdeckt zu bleiben. Aber tatsächliche, zweifelsfreie Beweise für die Existenz gibt es nicht. Daß Nessie nicht existiert wurde allerdings auch noch nicht belegt.

Loch Maree

Wohl einer der schönsten Seen Schottlands inmitten eines dichten Nadelbaumwaldes. Es bietet sich an, hier einen Tag zu versandeln, um sich vom anstrengenden Biken auf Single-Track-Roads zu erholen. Ein Ruderboot mieten, eine der anscheinend endlosen Inseln anlaufen und nur die traumhafte Landschaft genießen. Wem es zu langweilig wird, kann die Victoria Falls in einer bemoosten Klamm aufsuchen.

Whisky-Trail

Schottland, die Highlands und der Single Malted Whisky gehören untrennbar zusammen. In Keith kann der Liebhaber des edlen Gesöffs den Whisky-Trail befahren. Die Tour von etwa 120 Kilometer Länge wurde eigens dafür ausgeschildert und führt an sechs bedeutenden Brennereien vorbei. Am besten läßt man das Bike stehen, da nach jeder Besichtigung ein Gläschen probiert werden kann.

Deeside
Besonders reizvoll für Biker ist das etwa 100 Kilometer lange Tal des River Dee zwischen Aberdeen und Braemar bzw. Inverey. In wunderbaren Kurven windet sich die A 93 durch das sanfte, bewaldete Tal. Mehrere sehenswerte Castles laden zu einem kurzen Zwischenstop mit Besichtigungstour ein.

Stonehaven, Dunnottar Castle
Faszinierend ist der Anblick der Burgruine von Dunnottar Castle auf der weit ins Meer reichenden Felsklippe. Eine tiefe Schlucht trennt die Felsnase vom Festland. Den strategischen Wert der Festungsanlage mußte auch Cromwell 1651/52 erkennen, der trotz erfolgreicher Belagerung die hier aufbewahrten Kronjuwelen nicht in Besitz nehmen konnte.

Adressen:

P&O European Ferries,
Graf-Adolf-Straße 41, 40 210
Düsseldorf,
Telefon: 0211/387060

North Sea Ferries,
United Kingdom Office,
King George Dock,
Hedon Road, Hull HU9 5QA,
Telefon: 01482/377177,
Fax: 01482/706438

Edinburgh Tourist Information
Centre
3 Princes Street,
Edinburgh EH2 2QP,
Telefon: 0131/5571700,
Fax: 0131/5575118

Tourist Information Centre
23 Church Street, Inverness,
Telefon: 01463/234353

8.1 Übernachten im Vereinigten Königreich

Das Land, in dem die Übernachtung mit Frühstück bei der netten Familie nebenan, genannt Bed & Breakfast oder kurz B&B, erfunden wurde, läßt im wahrsten Sinne des Wortes keinen Reisenden im Regen stehen. Zu groß ist das Angebot der Privatunterkünfte, die für die meisten Betreiber eine willkommene Nebeneinnahme oder auch das Haupteinkommen darstellen. Was heute die Deutschen sind, nämlich Weltmeister im Reisen, waren bis ins 19. Jahrhundert die Engländer. Und so hat sich schon sehr früh im Vereinigten Königreich eine entsprechende Infrastruktur herausgebildet. Neben B&B und Hotels gibt es auch viele Pubs die Accomodation (Übernachtung) anbieten.

Kapazitätsmäßig gibt es selbst in der Hochsaison kaum Engpässe. Lediglich an Wochenenden sollte man sich spätestens gegen sieben Uhr abends nach einer Bleibe umsehen, denn viele Briten fahren übers Wochenende weg. »Getting away from it all« nennen sie das.

Die Zimmer der B&B's sind in der Regel einfach ausgestattet aber sehr sauber. Fast alle haben TV. Oftmals herrscht einrichtungsmäßig der Geschmack der Hausdame vor, der für kontinental-europäisches Empfinden oft kitschige Züge trägt. Daran sollte man sich nicht stören. Gut ist, wenn die Zimmer »en suite« sind, was bedeutet, daß sich Bad und Toilette im Zimmer befinden und man nächtens nicht über den Flur muß (siehe hierzu auch das Kapitel über die Isle of Man, letzter Absatz). Vorsicht auch in englischen Badezimmern: Meist kommt aus jedem englischen Gartenschlauch das Wasser mit mehr Druck heraus als aus dem Duschkopf. Und Mischbatterien sind nahezu unbekannt, was bedeutet, daß man immer etwas zu heiß oder etwas zu kalt duscht. Manchmal sogar beides während eines einzigen Duschvorgangs.

In Pubs kann es schon mal passieren, daß die Sauberkeit der Zimmer der des Schankraumes Konkurrenz macht. Außerdem liegen diese Zimmer meist über der Wirtschaft und daher ist, zumindest bis elf Uhr abends, für Unterhaltung gesorgt. Allerdings nimmt man hier die Sperrstunde für Residents, so nennt man die Hausgäste, nicht ganz so genau. Es kann durchaus passieren, daß der Wirt nach der offiziellen Schließung seiner Kneipe mit den Hausgästen bis in die frühen Morgenstunde fröhlich am Tresen weiterbechert. Obwohl gesetzlich nicht mehr zwingend vorgeschrieben, rufen die meisten Wirte immer noch um 23 Uhr mittels einer großen Glocke die »last order«, die letzte Bestellung aus. Ist diese ausgetrunken wird die Kneipe geschlossen. So will es die Tradition.

Die Zimmer in Hotels entsprechen in Preis und Ausstattung eher gehobenen Ansprüchen. Dazwischen liegt noch die Kategorie der »Inns«, was in etwa unserem deutschen Gasthof entspricht. Wer in der Einsamkeit der schottischen Highlands gar keine Übernachtung findet, kann zur Not auch wild campen, allerdings sollte man bei Privatgrundstücken vorher um Erlaubnis fragen.

Die Preise fürs Übernachten liegen zwischen zwölf und 20 Pfund pro Nacht und Nase im Bed & Breakfast, dasselbe gilt auch fürs Pub. In Gasthöfen und Hotels legt man zwischen 15 und 50 Pfund an. Natürlich sind hier nach oben kaum Grenzen gesetzt. Günstiger gehts da schon auf Campingplätzen und in Jugendherbergen zu, wo man bereits ab fünf Pfund mit von der Partie ist.

Wer keinen Wert auf ein bestimmtes Haus legt, braucht in der Regel auch keine Reservierung. Einfach in den Zielort fahren und dort nach Geldbeutel und Gusto auswählen. Klappt fast immer. Wem das trotzdem zu unsicher ist, kann sich, bereits in Deutschland, mit den einschlägigen Werken versehen: da gibts den roten »Guide Michelin – Great Britain Ireland« für 42 Mark, oder den amerikanischen »Passport's Bed & Breakfast Guide to Britain« von Elsie Dillard und Susan Causin für 34,50 Mark. Günstiger ist es allerdings, eines der britischen Standardwerke für ein paar Pfund direkt vor Ort im Buchhandel oder an gut sortierten Tankstellen zu erwerben.

8.2 Überleben im Linksverkehr

Die größte Umstellung für uns Leute »from the continent« ist der Linksverkehr. Dieser erfordert, speziell am Anfang, eine erhöhte Konzentration. Vor allem die vielen roundabouts, also Kreisverkehre, sind speziell für Festländler gewöhnungsbedürftig. Man fährt sie linksherum und der Kreisverkehr hat immer Vorfahrt. Am besten ist es, sich einen auffälligen roten Kleber mit der Aufschrift »LINKS !« o.ä. auf die Armaturen zu kleben. Möglichst an eine besonders störende Stelle. Dadurch wird man immer dran erinnert. Der Blick zurück

Links statt rechts: Übung macht den Meister

erfolgt immer über die rechte Schulter. Wenn man sich dann nach einigen Tagen sicher fühlt, wirds besonders gefährlich. Denn nach »Standardsituationen«, wie z.B. dem Rausfahren aus einer Tankstelle, verfällt man leicht in sein altes Denkmuster und gelangt damit ungewollt auf die rechte Straßenseite.

Die Briten sind in der Regel sehr höfliche und umsichtige Verkehrsteilnehmer. Anders als in Deutschland findet dort auf den Autobahnen kein Golf-Krieg statt. Man drängelt nicht und steht anständig in der Schlange. Das Geschwindigkeitslimit auf Autobahnen liegt zwar bei 70 mph (113 km/h), die höfliche britische Polizei toleriert meistens aber auch noch 80 mph (129 km/h). Bei 90 mph (145 km/h) ist dann allerdings der Führerschein in Gefahr. Alle Details zum Straßenverkehr in Britannien finden sich im »Road Code«, dem Äquivalent zu unserer StVZO. Er ist an jeder Tankstelle erhältlich.

Ein paar Worte extra sind noch zu Schottland zu sagen. In den schottischen Highlands sind viele Straßen einspurig, sogenannte single track roads. Das bedeutet daß eventueller Gegenverkehr in passing places abgewartet werden muß. Und zu guter Letzt noch die Warnung vor den Hirschen bei nächtlichen Fahrten durch die Highlands. Diese springen nämlich beim Nahen eines Fahrzeugs oftmals völlig unmotiviert auf die Straße, statt von ihr weg. Die Schafe sind da eher unproblematisch.

Tanken sollte man in den Highlands besser rechtzeitig, denn die meisten Tankstellen schließen um 18 Uhr und die Versorgungsdichte ist außerhalb der Städte eher dünn.

8.3 Wie man die englische Küche überlebt

Heaven is... when the policeman is british, hell is... when the cook is british. Da ist was dran. Wie bereits mehrfach erwähnt, ist die gewöhnliche, englische Küche weitaus schlechter als ihr Ruf. Allerdings würde man ihr unrecht tun, würde man sie auf die obligatorischen fish and chips reduzieren. Die Briten verstehen es nämlich vorzüglich, auch Chicken Kiev, Chicken Curry oder North Sea Codd mit der selben Geschmacklosigkeit auf den Teller zu bringen. Begleitet von den ebenfalls geschmacksneutralen, aber dafür kermitgrünen Erbsen und signalorangefarbenen Karotten. Soviel zum Klischee.

Aber »Britain is different«, haben wir eingangs erwähnt. Und das trifft auch auf das Essen zu. Wer es sich leisten kann 20 Pfund und mehr für den Hauptgang eines Dinners zu bezahlen, mag England durchaus als Feinschmeckerland kennenlernen, das den Vergleich mit Frankreich kaum zu scheuen braucht. Allerdings ist dann der »Chef de Cuisine« selten Engländer. Auf dem Menu stehen dann Fasan, Ente und Rinderfilet. Wobei von letzterem aus bekannten Gründen dringend abzuraten ist.

Der kulinarische Tagesablauf im Vereinigten Königreich beginnt mit dem überaus üppigen und ernährungstechnisch völlig verwerflichen full english breakfast. Dieses beginnt im günstigen Fall mit Corn Flakes und im Ungünstigen mit Porridge, dem eher zähen Haferbrei. Darauf folgt die warme Platte, bestehend aus Eiern (gerührt oder gespiegelt) mit Bacon, weißen Bohnen, Grilltomate oder wahlweise Pilzen, sowie zwei bis drei sehr zweifelhaften, fettigen Schweinswürsten. Begleitet von gebuttertem Toast mit jam. Marmelade ist übrigens nur das, was bitter schmeckt und aus Zitrusfrüchten hergestellt wird.

Des Briten Mittagessen, lunch, ist hingegen eher karg. Es besteht entweder aus soup and roll, also einer heißen Suppe und einem belegten Brötchen, oder aber aus Sandwiches. Letztere sind meist vorzüglich, wie alles, was auf der Insel erfunden wurde. Es gibt sie mit Huhn, Truthahn, Thunfisch, Schinken & Ei, Ei & Käse, Krabben und Lachs. Immer mit ausreichend Tomate, Gurke und Salatblättern belegt. Und nur authentisch im weichen Weißbrot, diagonal zu handlichen Dreiecken geschnitten.

Am späten Nachmittag folgt dann die berühmte tea time. Sie besteht in der Standardausgabe aus Tee mit Keksen und in der gehobenen Version gibts wiederum zwei Varianten: Erstens der cream tea, der im Süden und Südwesten sehr verbreitet ist. Hier werden die Kekse durch Muffins und clotted cream, einer dicken, fast butterigen Sahne sowie Jam ersetzt. Schmeckt fantastisch, ist aber auf die Dauer nichts für Leute mit Gewichtsproblemen. Und zweitens, der high tea. Der ist hauptsächlich im Norden und in Schottland anzutreffen. Hier gibts statt Keksen Sandwiches. Oft ersetzt der high tea auch das Abendessen.

Den kulinarischen Tagesausklang bildet das Dinner, oder, in der einfachen Form, auch das Supper, was eher unserem kalten Abendbrot entspricht, wenn die Hauptmahlzeit bereits am Mittag eingenommen wurde. Beim Dinner gibts, je nach Geldbeutel, die Pub Meal-Variante, wie im ersten Absatz beschrieben, oder die Restaurant-Variante aus dem Zweiten. Wer sich fürs Restaurant entscheidet muß mit einem dress code rechnen. Das heißt nicht unbedingt Anzug und Krawatte, aber auch nicht Shorts und ärmelloses T-Shirt. Und in englischen Restaurants ist wait to be seated üblich. Man wartet also beim Betreten des Lokals darauf, daß einem der waiter oder die waitress einen Tisch zuweist und stürmt nicht, wie in Deutschland üblich selbst auf den nächstbesten Platz zu.

In Schottland, wo im Gegensatz zu England wenigstens die Butter gesalzen ist, sollte man unbedingt (einmal) das Nationalgericht, den Haggis probieren. Der Haggis ist ein mit Lamm, Hammel, Kartoffeln und Kräutern gefüllter Schafsmagen. Das schottische Pendant zum Pfälzer Saumagen sozusagen. Man liebt ihn oder man haßt ihn. Dazwischen gibts nichts. Wichtig ist nur der Single Malt dazu, ohne den der Haggis praktisch nicht zu verdauen ist.

8.4 Schulenglisch und wie man wirklich spricht

Wer sich, mit seinem Schulenglisch im Reisegepäck, nach Britannien aufmacht, wird dort vor allem eine Erfahrung machen:

Das, was wir in der Schule lernen, taugt allenfalls als Grundlage, denn umgangssprachliche Elemente werden nach den Plänen deutscher Kultusministerien kaum vermittelt. Und schon gleich gar nicht die korrekte Aussprache der Wörter. Man wird in England jeden Deutschen, der nicht gerade eine zeitlang im Land gelebt hat, bereits beim ersten Satz anhand seiner Aussprache als solchen erkennen. Wir haben einfach nicht die Atemtechnik und die singende Intonation drauf. Engländer neigen dazu, Vokale in der zu betonenden Silbe übermäßig in die Länge zu ziehen und vor Wörtern die mit A beginnen ein stimmloses H zu stellen. Darüberhinaus werden Entgegnungen oft ausgeschmückt oder mit einer, die Bestätigung des Gesagten erzwingenden, Gegenfrage ausgestattet. Was dem knappen, auf Schnelligkeit und Präzision angelegten Deutsch charakterlich widerspricht. So wird man im Deutschen selten die Phrase »Oh ja, vielen Dank, wirklich« hören, während im Englischen ein »Oh yes, thank you very much indeed« durchaus gebräuchlich ist. Fragen, die im Deutschen mit einem simplen Ja oder Nein bedient werden können, beantwortet der Engländer stets unter zusätzlicher Verwendung des Hilfsverbs, also beispielsweise »Yes, I do« oder »No, I haven't«. Ergo, direkte Übersetzung reicht nicht aus. Sie kann durchaus als unhöflich empfunden werden.

Und noch was ist wichtig zu wissen. Vor allem für diejenigen unter uns, deren Schulenglisch im Beruf durch ein amerikanisches Idiom weitergebildet wurde: Amerikanisches Englisch hat mit englischem Englisch wenig zu tun. Neben der, ganz offensichtlich völlig unterschiedlichen Aussprache, verwenden Amerikaner auch ganz andere Wörter als Engländer. Um nur ein Beispiel zu nennen: Wenn etwas versteckt oder verborgen ist, bezeichnet der Amerikaner es als »hidden« und der Engländer als »concealed«. Im Extremfall hat amerikanischer Rapper-Slang mit Oxford-Englisch etwa soviel zu tun, wie das Chiemseer Volkstheater mit Goethes Faust.

Andererseits sind die Engländer ein sehr tolerantes Volk. Sie werden, anders als die Franzosen, sich beste Mühe geben jeden zu verstehen, der, auch nur im Ansatz erkennbare, englische Worte von sich gibt. Daher gilt: hinfahren, ausprobieren und einfach dem Volk aufs Maul schauen. Hier die wichtigsten Begriffe rund ums Motorrad:

ANHANG

Anlasser	Starter
Antriebswelle (Kardan)	Shaft
Auspuff	Exhaust
Benzin	Gasoline
Benzinpumpe	Gasoline pump
Blinker	Indicator
Bremse	Brake
Bremslicht	Brake light
Dichtung, Verbindung	Joint
Einspritzsteuergerät	Injection control
Fernlicht	High beam
Getriebe	Gear box
Hauptständer	Main stand
Hinterrad	Rear wheel
Kette	Chain
Kickstarter	Kickstarter
Kraftstofftank	Fuel tank
Kühler	Cooler
Kupplung	Clutch

Luftfilter	Air filter
Motor	Engine
Mutter	Nut
Panne	Break down
Reifen	Tyre
Reparatur	Repair
Rücklicht	Backlight
Scheinwerfer	Lights
Schlauch	Tube
Schlauchlosreifen	Tubeless tyre
Schraube	Bolt
Stoßdämpfer	Shock absorber
Teleskopgabel	Telescope fork
Vergaser	Carburetor
Warnblinklichter	Hazard lights
Werkstatt	Garage
Werkzeugkasten	Tool box
Zündkerze	Spark plug
Zylinder	Cylindre

8.5 Karten und Bücher

Übersichtskarten:

Carte Routière et Touristique, Michelin, 1 : 400 000, 46, Av. De Breteuil, 75324 Paris Cedex 07, Blatt 403, Great Britain, Wales, West Country, Midlands für 16,80 Mark

Carte Routière et Touristique, Michelin, 1 : 400 000, 46, Av. De Breteuil, 75324 Paris Cedex 07, Blatt 401, Great Britain, Scotland für 16,80 Mark

Mapping Index (kostenlos), Outdoor Leisure, Explorer, Landranger, Pathfinder and Travelmaster
Ordnance Survey, Southampton, United Kingdom
ISBN 0-319-00649-2

Übernachten:

Bed & Breakfast, Where to stay England 1997, English Tourist Board, Thames Tower, Black's Road, Hammersmith, London W6 9EL.
ISBN 0-86143-199-5 für 8,99 Pfund.

Hotels & Guesthouses, Where to stay England 1997, English Tourist Board, Thames Tower, Black's Road, Hammersmith, London W6 9EL.
ISBN 0-86143-198-7 für 9,99 Pfund.

Bed & Breakfast, Where to stay Scotland 1997, Scottish Tourist Board, Dunoon, Argyll PA23 8PQ
ISBN 0-85419-476-2 für 6,50 Pfund

Hotels & Guesthouses, Where to stay Scotland 1997, Scottish Tourist Board, Dunoon, Argyll PA23 8PQ
für 9,50 Pfund

Verspielt: Fenster des Gables Guesthouse in Dunster